数字时代中国
与东盟文化战略传播

张殿元　柳盈莹　林志玲　维利亚　著

东方出版中心

图书在版编目（CIP）数据

数字时代中国与东盟文化战略传播 / 张殿元等著
. －上海：东方出版中心, 2022.12
ISBN 978-7-5473-2133-1

Ⅰ.①数… Ⅱ.①张… Ⅲ.①文化交流－研究－中国
、东南亚国家联盟 Ⅳ.①G125

中国版本图书馆CIP数据核字（2022）第252162号

中国—东盟战略传播研究基地项目经费支持
复旦大学新闻学院一流学科项目经费支持

数字时代中国与东盟文化战略传播

著　　者　张殿元　柳盈莹　林志玲　维利亚
责任编辑　王　婷
封面设计　钟　颖

出版发行　东方出版中心有限公司
地　　址　上海市仙霞路345号
邮政编码　200336
电　　话　021-62417400
印 刷 者　上海颛辉印刷厂有限公司

开　　本　710mm×1000mm　1/16
印　　张　14.75
字　　数　203千字
版　　次　2023年2月第1版
印　　次　2023年2月第1次印刷
定　　价　80.00元

目 录

传播篇

战略篇

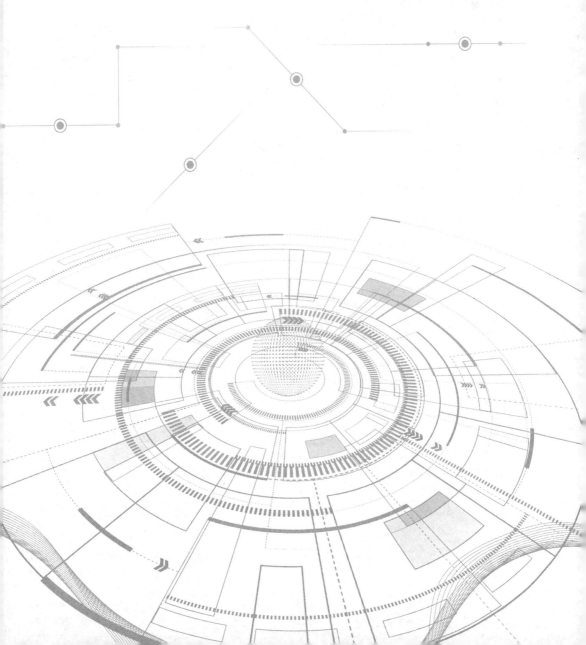

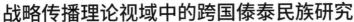

第一章
战略传播理论视域中的跨国傣泰民族研究

第一节　战略传播与跨国民族的逻辑连接

作为国际关系学中的重要概念，战略传播被广泛应用于市场营销领域。随着研究的深入，传播学领域也开始关注这一概念，研究者逐步用战略传播的思想替代传统的对外传播理念，从而促进了传播学和国际关系、公共外交等领域的交融。在这一研究语境下，"战略传播"是指"为实现国家战略利益（维护领土主权、国家安全、金融稳定、生态环境、核心价值观等）和战略目标而对重要的特定受众进行的传播、沟通和接触活动"[1]。战略传播的理念源自美国，是美国主流对外传播思想发展至今的产物。美国主流对外传播思想经历了从传统外交到公共外交、从公共外交到软实力外交、从软实力外交到战略传播的过程。通过这一系列对外话语的整合与国际形象的再塑，美国的主流价值得以在世界范围内广泛传播。[2] 由于战略传播的显著作用，许多国家都将战略传播放在非常重要的位置，总结战略传播的基本框架和主要路径有利于我国战略传播的开展。根据相关经验，运用关系论能更有效地指导战略传播实践，所以应基于既有传播资源，着眼于对话构建，调动"活"的文化资源，尤其是分布广泛

1　赵启正.提升对"战略传播"的认识和实践［J］.公共外交季刊，2015（3）：1-5+123.
2　赵良英.美国的国家战略传播体系及其启示［J］.新闻前哨，2015（10）：11-13.

的国家边境民族与周边国家民族同根同源的亲缘身份优势，以达到真正的民心相通，形成我国战略传播的特色，助力国家"一带一路"倡议的有效实施。

本部分将对战略传播的源流、发展进行系统的梳理，对美国涉外舆论的形成过程及其影响因素进行分析，从而洞察战略传播的核心，即"政府综合使用政治、军事、文化、经济、外交等各种渠道和工具透视全球舆论、态度及文化，并通过传播策略调试来影响人们的态度与行为，以强化或维持有利于国家利益、政策和目标的整合营销政治传播"[1]。

一、战略传播的源起与发展

发源于美国的战略传播体系，通过不断的更新迭代，逐渐形成体系化、制度化的管理模式。美国的战略传播将国际社会相关受众进行细分，通过有组织、有计划的传播活动和有层次的传播内容，有针对性地表达国家意志，以期在国际社会赢得良好的国家形象。在近百年的发展历史中，美国战略传播大致可分为四个阶段，即一战雏形时期、二战完善时期、冷战对峙时期和"9·11"事件后战略调整时期。作为美国公共外交的重要组成部分，以"9·11"事件为分水岭，美国战略传播的起源发展、转型调整都与其政治社会生态息息相关。

（一）美国战略传播的历史演变

一战期间，威尔逊总统设立公共信息委员会（the Committee on Public Information），直接负责战时宣传。除了借助海报、广播等宣传方式传播美国的作战理念之外，美国还在世界范围内发动"舆论战"，引导世界舆论。不管通过何种手段，美国始终致力于鼓动民众参与作战、塑造美国良好形象以及削弱敌国军民士气。李普曼指出："在战争期间，敌方阵线所说的一切永远均是宣传，而我方阵线所说的，皆是真理和正义，是人类的事业，是为和平而进行

1　李沫.战略传播：国家利益争夺前沿的较量［N］.中国国防报，2016-12-08（4）.

的圣战。"[1] 在美国看来，相较于德国"操纵性的和洗脑的"宣传，美国更加强调人道和正义。同时，为了获取民众的支持，美国联邦政府特别成立了"图画宣传部"，制作了大量海报，成功说服民众支持国家参与一战，这些海报在当时被称为"墙壁上的武器"。一战结束后，"宣传"的重要作用引起了欧美各国学者的广泛关注。1927 年，哈罗德·拉斯韦尔出版了《世界大战中的宣传技巧》一书，提出了"现代战争的三个战线"，即军事战线、经济战线和宣传战线，并说明只有在各个层面进行整合，宣传才能行之有效。[2]

20 世纪 30 年代，为应对德国在拉丁美洲的文化攻势，美国政府先后成立了三个机构，分别是：1938 年 5 月设立的同美洲诸共和国合作部际委员会（后改名为"科技文化合作部际委员会"），负责外宣工作并维护国家形象；同年 7 月设立的文化关系处（Division of Cultural Relations），试图通过组织音乐、艺术等多方面的师生交流，建立起美国与其他国家紧密的文化联系；1940 年 8 月设立的美洲各共和国商业与文化协调局（后改名为"美洲国家事务协调局"），配合文化关系处塑造美国的国家形象，传播美国的价值观。以上三个机构的有效联合与协作，在维护美国形象与抵制文化侵袭方面达到了突出的效果。

二战期间，"形象塑造与舆论引导"在美国战略传播过程中的作用更加明显。为对抗德国法西斯的宣传机器，罗斯福政府成立了美国信息中心（American Information Centre）、战时情报局（Office of War Information）、战略事务局（Office of Strategic Service）、信息协调署（Coordinator of Information）、美国之音（Voice of America）以及国际信息和文化事务局（Office of International Information and Cultural Affairs），通过多部门间的联合运作，统筹战时信息传播，实施对受众的精确传播，同时安排助理国务卿专门负责公共事务和公共外

1　吕祥.美国国家战略传播体系与美国对外宣传［M］// 黄平，倪峰.美国蓝皮书 2011.北京：社会科学文献出版社，2011.

2　［美］哈罗德·D.拉斯韦尔.世界大战中的宣传技巧［M］.张洁，田青，译.北京：中国人民大学出版社，2003.

交活动。以战时情报局为例，其职能不仅体现在为政府提供及时资讯上，更表现在海内外宣传活动的组织规划上。[1] 在其存在的三年间中，战时情报局开展了"辐射范围广、方式多元"的外宣活动：利用无线电、海报、动画片等传递信息；借助火柴盒、肥皂纸、针线包等，塑造美国正面形象；同时运用心理战略配合美国军方行动，利用舆论引导民众支持美国军方，为二战后美国战略传播工作的完善打下了良好的基础。

二战结束后，美苏在意识形态方面的激烈冲突与对峙推动了冷战的爆发。在此期间，美国政府将公共外交作为战略传播新的突破口，在积极利用公共外交进行意识形态抵制的同时，不断推动战略传播制度化进程。1947 年至 1953 年，在杜鲁门和艾森豪威尔两位总统的推动下，美国政府先后成立了国家安全委员会（National Security Council）、中央情报局（Central Intelligence Agency）和美国新闻署（United States Information Agency），进一步完善多部门联合的战略传播顶层设计，搭建起美国战略传播的坚实制度基础。除此之外，美国利用其公共外交原有的机构优势，统筹多个部门，以求达到对苏联实施心理战的目的。1950 年，美国向苏联发起"真理运动"，试图通过非战争手段，传播美国所认定的"真理"。诚如钱倩所言，该政策是杜鲁门执政时期美国对外宣传政策的核心，被称为思想意识领域的"马歇尔计划"。[2] 1951 年，美国成立心理战略委员会（Psychological Strategy Board），统筹规划与制定战略心理战的总体目标，以使宣传达到最佳效果。1953 年，直属于白宫、直接向总统汇报工作的美国新闻署成立，借助新闻、影视、广播等多种媒介，致力于宣传美国的价值观念，向世界其他国家推销美国，树立其国际形象。在美国新闻署主导的战略传播活动中，国际信息传播活动和教育与文化交流活动构成其全部内容。国际信息传播活动层面，美国新闻署积极发挥各驻地新闻文化处、广播等的效

1　THOMSON C. Overseas information service of the United States government［M］. Washington D.C.: The Brookings Institution Press，1948.

2　钱倩. 真理运动——杜鲁门时期美国对外宣传的发展［J］. 首都师范大学学报（社会科学版），2006（S2）：143-147.

用，不仅提供美国的即时信息，同时对外宣扬美国的对外政策和价值观；1961年，外国记者新闻中心建立，为驻美外国记者和短期留美记者提供服务。在教育与文化交流方面，美国新闻署设立多个奖学金项目，并建立美国文化中心，从更长远、更全面的角度，推动美国文化层面的战略传播。正是因为文化因素在国家战略传播过程中的重要性日益凸显，所以文化推广被提到了战略传播的高度，并在公共外交中成功运用，最终形成了具有美国特色的"文化外交"。

美国外交史学家拉尔夫·特纳提出了"文化外交"这一概念。"文化外交"是指借助教育、文化项目交流及艺术往来等方式，输送美国的国家价值观，达到提升美国国家形象与软实力的目标的方式。相较于传统外交方式而言，文化外交能够更好地实现议程设置，在潜移默化中影响受众的行为与思想，从而让美国的战略更容易为受众所接受。自20世纪40年代起，文化外交被置于美国公共外交的重要位置。在很长一段时间里，美国多任总统颁布法令，确保文化外交得以有效并快速地推行。[1] 在其影响下，1960年，美国政府宣布建立和平队，以文化教育传播的方式与苏联争夺广大的中间地带；1961年9月，《富布莱特－海斯法案》颁布，进一步扩大了美国文化交流的范围，为当代美国文化外交的持续发展奠定了法律基础。总体来说，文化外交在美国公共外交进程中，在议程设置和受众影响方面，有着传统外交方式无法替代的作用，直到今天依然为美国政府所重视。

美国公共外交在1960年前一直被视作一种"宣传"手段。直到1965年，美国塔夫茨大学弗莱彻法律与外交学院院长埃德蒙德·古利恩对公共外交的概念做出了定义，即"通过引导公众的态度来对政府外交政策的制定与实施产生影响"[2]，美国官方和学术界才随着公共外交的不断实践而丰富其理论内涵。虽然美国学术界和官方对公共外交的定义存在差异，但其核心不变，即资讯与理念的跨国界流通："通过与外国公众进行沟通与宣传的手段，宣扬美国的价

1　[美] 弗兰克·宁科维奇. 观念的外交：美国对外政策与文化关系 1938—1950 [M]. 剑桥：剑桥大学出版社，1981.

2　檀有志. 美国学界的公共外交研究简况 [J]. 美国研究，2013，27（2）：128-143.

值观和生活方式，最后由其受众影响各国国家政策。"[1]20 世纪 70 年代，由于越南战争的失败，美国赢得"人心和思想"之战的观点受到来自政界和民间的质疑和挑战，美国的公共外交暂时陷入低谷期。到了里根总统任期内，公共外交作为意识形态领域里的重要工具，再次被置于美国国家战略的突出地位。里根在任期内，不仅加大了对公共外交的资金扶持，还通过美国新闻署、美国之音的配合，全面推进美国的外交行动，推动了美国形象的再塑以及"冷战"的胜利。20 世纪 90 年代初，哈佛大学的约瑟夫·奈教授提出"软实力"这一概念，他指出软实力是"国家外交过程中相较于政治军事硬实力，包括文化和意识形态在内的一种重要吸引力"[2]。"软实力"概念的提出，为美国战略传播中的公共外交的研究提供了全新的视角，使得文化信息交流在美国战略传播中的地位显著提升。

冷战结束后，"一超多强"的局面形成，美国一跃成为全球唯一的超级大国。在此背景下，美国当局认为公共外交的重要性下降，于是在克林顿执政时期，投入公共外交的经费减少，工作人员也随之削减。1999 年 10 月，美国新闻署正式并入国务院。在 2001 年"9·11"事件爆发之前，继任的小布什依然未能给予公共外交足够的重视与支持。

（二）"9·11"事件发生后美国战略传播的新趋势

2001 年，美国本土爆发"9·11"事件。这从侧面印证了美国公共外交在国家意识形态塑造方面的重要性，促使小布什政府"重拾"公共外交。除了增加用于公共外交的财政支出，小布什政府还注重发挥广播电台，尤其是美国之音与自由欧洲电台/自由电台的重要作用。同时，为了从多方面挽救美国的形象危机，小布什政府决定发动"思想之战"。在此背景下，2002 年 2 月，小布什政府先后成立了全球外交办公室（Office of Global Diplomacy）和战略影响办公室

---

1 仇朝兵. 美国公共外交的经验与挑战及其对中国的启示［J］. 美国问题研究，2014（1）：133-153.

2 Nye J. Think again: soft power［J］. Foreign Policy，2006.

（Office of Strategic Influence），分属于白宫和五角大楼，旨在通过信息筛选、汇总有利信息，达到建立美国正面形象的目的。"9·11"事件后，美国各机构间的协调性显著加强：美国国务院与国际开发署一同设立"共同管理委员会"和"共同政策委员会"两个协商性机构，在公共外交政策的检查评估以及问题的解决方面进行充分的配合；而美国国防部则直接指定国防部副部长为公共外交活动的负责人。[1] "9·11"事件后，美国公共外交大致呈现出"多部门联合、协调性加强"的特点，各部门间的界限逐渐模糊，机构间的协调运作能力显著提升。

"9·11"事件后很长的一段时间里，为了宣传美国"反恐战争"的思想，美国政府精心设计了国际传播活动。2002年"共同价值观倡议"的提出，旨在搭建起美国与伊斯兰国家间的文化认同，消除意识形态方面的隔阂，赢得中东民众对美国的好感。除了试图在意识形态方面引起伊斯兰国家的共鸣，美国还通过创办阿拉伯文杂志、开设专门电台等方式，借助文化手段促进阿拉伯地区青年学习美国文化，在潜移默化中影响"阿拉伯世界未来的领导人"[2]。2008年，奥巴马赢得大选。与小布什执政时期官方单边主导的战略不同，奥巴马着重发挥社交媒体的力量，构建官方与群众的良性互动，推进美国国家战略方针在国内外的有效实施。

互联网的普及与广泛应用为信息时代美国国家战略的传播提供了更加便捷的途径。基于此，美国官方积极开展以脸书（Facebook）、推特（Twitter）等社交媒体为主要载体的公共外交。为了更好地发挥社交媒体外交的优势，奥巴马上任后成立了新媒体工作小组，对舆论和信息做出更加专业化的分析，使其政策与受众心理高度契合，从而提高政策在受众心中的认可度与实施的有效性，被希拉里称为"21世纪的治国之道"[3]。社交媒体在不断丰富完善的过程中为美国战略发展提供了多种可能。首先，社交媒体的普及为美国传递信息提供

1　仇朝兵. 美国公共外交的经验与挑战及其对中国的启示［J］. 美国问题研究，2014（1）：133–153.

2　赵良英. 美国的国家战略传播体系及其启示［J］. 新闻前哨，2015（10）：11–13.

3　毕研韬. 战略传播中的媒体运用［J］. 新闻战线，2013（10）：77–79.

了广泛的受众基础；其次，由于社交媒体上信息发布者身份的虚化，制造舆论与引导舆论变得更加容易。除了借助针对性强、影响力广的社交媒体推动国家战略实施之外，奥巴马政府还积极开展"巧实力"外交[1]。

特朗普当选总统后，美国的内政、外交随之发生了一系列变化。2017年，特朗普任期内首份《国家安全战略报告》中将"美国优先"（An America First National Security Strategy）视为国家安全战略的根本，提出美国正面临"大国竞争"。[2]在海外传播方面，美国政府将在美国国家战略传播体系中占有重要位置的"广播理事会"改名为"美国国际新闻署"（U.S. Agency for Global Media），加强与美国之音等媒体的合作，并重点建立对特定国家的海外传播，建立普通话数字网络（Mandarin-language digital network）。为了完成上述目标，特朗普政府特别设立了白宫战略传播总监（White House Director of Strategic Communications）这一职位。该职位负责协调媒体关系，提供智库咨询，并直接向总统汇报工作。[3]拜登上台后，中美角力的趋势在不断增强。值得注意的是，拜登作为奥巴马时期的副总统，当年的《国家战略传播构架》就是由他负责监管的，将战略传播纳入国家战略一直是拜登的雄心和抱负。

实践证明，美国各个时期的公共外交都具有其鲜明的时代性与针对性。一战、二战时，除了战场上与对手的正面交锋，美国还注重煽动并引导民众舆论，发动"舆论战"与"心理战"，以占领舆论高地，获得民众支持；冷战时期，美国则更加注重相关政策的说服力，通过影响对象国的受众干扰政府政策的推行与实施；到了当下，美国利用社交媒体，掌握"制信息权"成为其战略传播的必要措施。总而言之，美国战略传播从多方面干扰其目标受众的思维与认知，宣扬以"美国人道主义"抗击极端暴力主义的意识形态。[4]与中国当下

---

1 Nye J. In Mideast, the goal is "smart power"［N］. The Boston Globe，2016-08-16.

2 参见 National Security Strategy of the United States of America，2017.

3 程曼丽，赵晓航.美国国家战略传播理念与实践的历史沿革［J］.新闻与写作，2020（2）：58-65.

4 仇朝兵."9·11"之后美国对穆斯林世界的公众外交［J］.哈尔滨工业大学学报（社会科学版），2006（2）：24-31.

倡议的"人类命运共同体"不同，美国正在通过价值观输送潜移默化地改变受众思维，实现对受众的精确传播。在美国战略传播的实施过程中，其利益诉求"被精妙地捆绑于其价值主张之上，不同机构之间、官方与民间统筹协调，形成了强大的合力，往往能有效地诱导他国领导人与意见领袖，乃至使其顺应美国的价值主张"[1]。在近百年的发展历程中，美国国家战略传播的特点可大致归纳为以下三点：

①注重多部门、多种战略资源的协调运作；

②注意发挥"意见领袖"的导向性，搭建与民众的良性互动；

③以宣扬美国价值为主要目的，塑造美国形象。

总的来看，从实体战场到网络虚拟战场，美国从未放弃其正面形象的塑造和价值观的输送。无论是战时引导舆论支持、"9·11"事件后在世界范围内煽动"反恐战争"，还是信息时代大肆输出"英雄主义""美国梦"，美国的文化霸权已经在全球范围内形成了压倒性优势，美国的价值观正于无形之中干扰受众的意识与思维方式，在多方面支持其国家战略发展。

二、战略传播的基本框架与主要路径

"战略传播"发源于美国，从概念界定到框架形成，从理论探讨到实践应用，美国均积累了丰富的经验。美国注重建设系统化的全球攻略，高定位地建设国家战略传播体系，同时增强信息针对性。美国战略传播的终极目的是通过"精心运作的传播（deliberate communications）"使其他国家和地区做出有利于美国国家利益的行为。在对战略传播的历史进行系统梳理之后，有必要对战略传播的基本框架和主要路径进行归纳提炼，总结美国战略传播的策略和技巧，这不仅可以使我们对美国涉外舆论的形成过程和影响因素有更加清晰的认识，

1　吕祥. 美国国家战略传播体系与美国对外宣传［M］// 黄平，倪峰. 美国蓝皮书 2011. 北京：社会科学文献出版社，2011.

更重要的是为我国战略传播的建立和创新提供一定的参考和借鉴。

（一）国家战略传播系统与运行机制

1986 年，美国国会通过了《戈德华特－尼科尔斯国防部重构法案》（Goldwater－Nichols Department of Defense Reorganization Act of 1986）。根据该法案第 603 条的要求，美国总统需要定期向国会提交并向社会公布专门阐述美国政府外交政策及战略走向的《国家安全战略报告》。此后，美国七届政府先后向国会提交了 15 份报告，其中 2010 年奥巴马的《国家安全战略报告》把"战略传播"列为国家八大实力之一，并随即提交了《国家战略传播构架》，首次全面、系统地阐述了美国国家战略传播体系的定位和性质，将公共事务、公共外交、信息操控和对公共外交的防务支援纳入战略传播体系，提出战略传播体系的落脚点是实现各机构间的统筹协调与对受众的精确传播。这一举动标志着美国政府将内外传播活动提升到国家战略的高度，美国的传播资源经历了由分散到集中再到高度整合的过程。由于美国战略传播涉及诸多隐蔽活动，公开资料并不多，根据国外研究者的零星透露和国内研究者的收集整理，美国国家战略传播系统和战略传播运行机制如图 1-1 和图 1-2 所示。

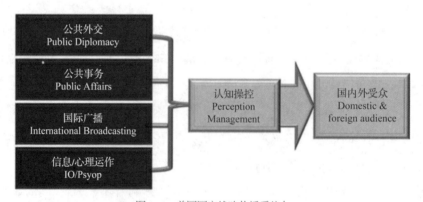

图 1-1　美国国家战略传播系统 [1]

1　图片来源：吕祥.美国国家战略传播体系与美国对外宣传［M］// 黄平，倪峰.美国蓝皮书 2011.北京：社会科学文献出版社，2011.

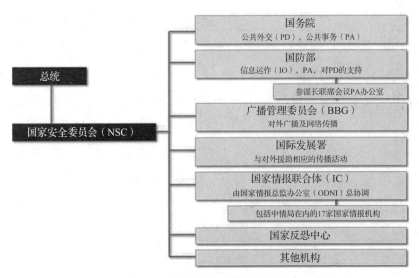

图 1-2　美国国家战略传播运行机制 [1]

根据美国国家战略传播的系统构成可知，公共外交、公共事务、国际广播和信息／心理运作四个方面共同构成了美国国家战略传播体系。与传统的国际传播相比，该体系注重多部门的分工协作，强调从国家意志层面进行主动对外传播，传播内容更具策略性，传播效果更具紧迫性。[2]其中，公共外交由美国国务院直接领导，由负责公共外交和公共事务的副国务卿主管，下设国际信息局、公共事务局、教育与文化事务局、战略反恐通信中心以及政策、计划和资源办公室，综合协调美国政府针对不同国家民众开展的对外宣传和文化教育活动，核心任务是努力扩大和加强美国政府、公众与其他国家、公众的关系，积极向国外施加影响，在国际范围内提升美国形象。公共事务是美国国务院和国防部主导的面向国内受众的舆论引导工作，虽然主要面向国内受众，但在信息全球化时代，美国公众的政策主张同时会影响外国公众，因此美国国务院和国防部下属的各个机构都配置了公共事务部，他们致力于在全球公众中塑造美国

1　图片来源：吕祥.美国国家战略传播体系与美国对外宣传［M］//黄平，倪峰.美国蓝皮书
2011.北京：社会科学文献出版社，2011.

2　赵良英.美国国家战略传播体系研究［M］.武汉：武汉大学出版社，2017.

和美军形象。国际广播是美国直接开展战略传播和负责对外宣传的重要平台，美国国际广播由广播理事会主管，主要包括美国之音（Voice of America，简称 VOA）、自由欧洲电台/自由电台（Radio Free Europe/Radio Liberty，简称RFE/RL）、自由亚洲电台（Radio Free Asia，简称 RFA）、古巴广播办公室（Office of Cuba Broadcasting，简称 OCB）和中东广播网（Middle East Broadcast Networks，简称 MBN）五大国际广播网络，主要集中于美国重点战略传播的区域，覆盖全球 100 多个国家和地区，每天使用 59 种语言不间断播出节目，传递美国声音。信息/心理运作是心理战的代称，由美国国防部和中央情报局等机构主导，通过操控信息，影响国内外受众在特定战略事务上的认知。近年来，随着互联网的快速发展，围绕社交媒体的"叙事之战"愈演愈烈，通过有策略的话语叙事，将信息产品通过媒体传播到公共外交和公共事务无法接触的关键受众，相互配合进行认知操控，最终达到影响国内外受众的情感、动机和行动的目的。[1]

美国国家战略传播运行机制的最大特点是扁平化管理。总统通过国家安全委员会领导国务院、国防部、广播理事会、国际开发署、国家情报机构、国家反恐中心等庞大的机构跨部门协作，商议、制定、有步骤地实施对外计划，确保重要信息能在最短的时间内直达国家最高领导人，并及时对总统的决定作出响应。值得注意的是，《国家战略传播构架》对所涉的 17 个国家情报机构的职能都是一带而过，从一个侧面凸显了情报机构在美国战略传播中的特别作用。[2] 在美国实施战略传播的过程中，三种宣传密切配合：白色宣传，即公开表明信息来源，由政府公开活动开展渗透性宣传；黑色宣传，即故意隐瞒真实信息来源，由国防部、中央情报局等机构秘密控制国内外媒体、收买政治家进行大量渗透性活动；灰色宣传，即不说明消息来源，由官方或特定组织暗中支持部分有影响力的"意见领袖"，以自由、灵活和不引人警惕的方式

1　李健，张程远编.战略传播：美国实现国家安全与军事战略的重要手段［M］.北京：航空工业出版社，2015.

2　吕祥.美国的战略传播体系［J］.对外传播，2011（6）：58-59.

进行与美国利益相一致的传播，最终实现目标受众的"认知提升——形象塑造——身份建构——态度转变——价值认同——行为转化"这一系统的战略目标。[1]

（二）国家战略传播的主要路径和关键点

通过长期、持续的国家战略传播行动，美国在国际社会实施了有效的认知影响和观念塑造，获得了较大的国际议题话语权和影响力，取得了良好的传播效果。一般而言，传播者、传播内容、传播媒介和传播受众四个维度构成了国家战略传播的实施路径，以此分析，美国战略传播具有如下突出特点：一是强调多种机构的联合与协作，制定最有利的传播目标并快速实施，抢占传播先机；二是重视传播媒介的战略布局，全方位收集信息情报，推出最适宜的传播产品；三是精心选择目标受众，分析定位并建立长期的双向联系，保证战略目标的持续输出。这三方面环环相扣，形成一个传播闭环，构成了美国国家战略传播的主要路径与传播的关键点，以下将作详细的总结。

1. 塑造真实可靠的传播者形象，构建亲近受众的国际话语叙事

战略传播的主体是政府，但经由两次世界大战，尤其是"冷战"后，以美国为主的西方国家越来越淡化甚至隐去政府的"硬"背景和身份，代之以民间、行业等多元主体的方式开展传播，目的是去官方的强意识形态，增强传播者的可靠性以产生积极的说服效果。《国家战略传播构架》从行为与语言的同步一致性和精心设计的传播和接触两方面，对"战略传播"的概念进行了阐释：言行同步是一个共同的责任，它需要培育一种传播文化，鼓励决策者在决策过程中考虑行动的传播价值，而执行者通过引导，能够保持同步的机制和流程来支持决策者，最终使接受者有效地理解和认同传播目标；精心运作的接触和传播则通过传播者在信仰、民族、文化、身份、情趣、距离上拉近与受众的距离，通过这一类的接近性和相似性使受众把传播者当"自己人"，产生共鸣

1　田丽.积极构建国家战略传播体系［N］.人民日报（理论版），2015-01-28.

并在潜移默化中接受传播者的意志。[1]

如何与受众建立长期的双向联系，塑造真实可靠的传播者形象，增强传播国文化的流行度和影响力？这就需要构建亲近受众、理解受众的传播话语。美军内部一直将 1941 年圣诞节英国首相丘吉尔在白宫的演讲奉为圭臬，当时为了动员美军支援反德战争，丘吉尔运用文化身份动情地讲道："我们讲着同样的语言，有着同样的宗教信仰，还在很大程度上，追求着同样的思想，还有几乎相同的民族和处境。"[2] 结果反响强烈，美军热情高涨。此后，在对阿富汗、伊拉克以及"伊斯兰国"的社交媒体战中，美国都反复研究每个地区和民族的特性，建构接近性和相互理解的话语，为美国的行动寻找合理化的解释和国际社会最大范围内的理解。比如，由于从地理位置来看，美国孤悬于欧亚大陆以外，《国家战略传播构架》中就专门为弥补国际传播中物理距离的缺陷作了补充，即与不同受众的沟通要立足于相互尊重和共同兴趣，通过构建长期性、协同性的联系，使受众的注意力集中在美国赞成的事务上。[3] 这一寻找共通性的方式对中国构建战略传播话语具有较强的现实意义。

2.拓宽多种传播媒介，精心设置媒介议程

在战略传播实施的过程中，美国注重发挥媒体在信息传播中的渠道作用。从广播理事会下辖的五大国际广播到负责公共外交和公共事务的庞大传媒网络，从传统的报纸、广播、电视到网络、手机新媒体，美国注重媒介战略布局，建立综合的文化咨询传播平台，媒体成为美国开展战略传播的有力武器。为了更好地发挥媒介的作用，《国家战略传播构架》建议政府招募、培训和吸纳大胆新锐的下一代战略传播官员，详细列举了"传播技术人员、行为科学家和文化人类学家、教育工作者、历史学家、经济学家、宗教学者和宗教领袖、语言学家和翻译、政治科学家、图书馆员和研究员、工商企业经理和企业家、

1 吴飞，边晔，毕研韬.美国国际传播战略的几个关节点［J］.新闻界，2013（8）：26-33.

2 丘吉尔.天赐的共同语言［M］//［英］大卫·加拿丁编，陈钦武译.苦难与血泪：丘吉尔演说集.江苏：江苏人民出版社，2000.

3 参见 National Framework for Strategic Communications，2010.

营销经理、广告文本写作者和艺术导演及媒体策划人、制片人和导演、市场研究员、艺术家与作家和音乐家、退休政府官员"[1]等 16 类与战略传播相关的专业人才，通过拓宽教育、媒体、文化等对外交流渠道和媒介，获取更多的支持和盟友。

自李普曼以降，美国传播学者不断证明大众媒介对社会现实日复一日的描述，影响着人们头脑中对社会现实的认知，媒体通过选择新闻事实形成报道议题，使某些需要传递的重要事实从无数事实中凸显出来，从而完成"社会现实的建构"。换句话说，在媒介化的"拟态环境"中，精心设置的媒介议程和话语框架取代了公众的舆论形成和话语权，成为战略传播取得成功的关键。例如，在对利比亚战争的报道中，美国之声在形势还不明朗的情况下，不断渲染反对派军队取得突破和胜利，而政府军节节败退失守的消息。时任美国总统奥巴马接受哥伦比亚广播公司（CBS）《晚间新闻》采访时放烟幕弹说："卡扎菲的亲信已经开始意识到他们的日子已经屈指可数，部分亲信已经开始议论要离开卡扎菲，但这个消息还没有泄露到卡扎菲那边。不过，他很快就会知道。"[2]正是此类媒介议程设置和传播话语框架建构，使得反对这场战争的声音逐渐减弱，变成"弱势"的一方，这也成为美军合理化这场战争并取得胜利的最大助推力。

3. 紧密围绕传播目标，找准关键目标受众

与传统国际传播面向广泛的受众不同，战略传播为实现特定的战略目标，更加强调受众的选择，美国国家对外传播的成功很大程度上归功于对"关键受众"的重视和细分。2007 年，美国战略传播和公共外交政策协调委员会发布的《美国公共外交和战略传播国家战略》报告，提出了"战略受众"的概念，并将其分为关键影响者（Key Influencers）、脆弱群体（Vulnerable Populations）

1　参见 National Framework for Strategic Communications，2010.

2　凤凰网 . 奥巴马受访表示：卡扎菲政权剩余日子屈指可数［EB/OL］.（2011-03-30）［2022-11-20］. https://news.ifeng.com/c/7fZVfVWGfbY.

和大众受众（Mass Audiences）。[1] 其中，关键影响者是指其意见可以在整个社会产生连锁反应的人，比如神职人员、政治领导人、军人、科学家、商界和劳工界领袖、教师、记者等；脆弱群体是那些极易引起舆论广泛关注和同情的群体，比如青年、妇女、儿童，以及少数族裔和宗教少数群体。战略传播的"关键受众"主要是指这两类群体，以往的研究更关注对"关键影响者"的策略，但在实践中"脆弱群体"则最可能被引导成为美国的重要支持力量，因此越来越受到美国战略传播的关注和重视。

究其本质，战略传播是一种举国家之力针对"关键受众"的"思想战"。这种"思想战"通过长期的行动，改变受众的价值认同、思维方式和文化特质，最终使多元文化的受众在美国价值观的影响下成为均质性的、认可美国国家观念并有利于美国国家利益实现的群体。为实现这一目的，在总的战略目标指引下，根据不同地域、不同受众的实际，美国积极探索并开展"一国一策、一地一策"战略传播行动。例如，缅甸是东盟国家中最具战略平衡力的国家之一，美国政府正在有计划、有步骤地介入缅甸的各个领域。美国国务院因此制定了《缅甸综合国家战略》，由美国国际开发署负责具体实施。该文件阐述了缅甸在美国国家战略中的定位，提出"增强缅甸新生代民主制度使其全民进步""识别和培养下一代缅甸领导人""与缅甸军方的中低层军官接触，倡导在平民主导的民主制度中，发挥军方适当的作用"[2] 等具体战略传播目标，最终取得缅甸民众对美国的亲近感，支持美国利益在缅甸和东南亚地区的实现。

三、跨国民族与我国战略传播的价值展现

相较于美国严密完善的国家战略传播框架，中国国家战略的组织建构与体系建设尚有不足。其一，中国当前的战略传播多由学界组织，官方在国家战略

1　参见 U.S. National Strategy for Public Diplomacy and Strategic Communication，2007.

2　汤伟，施磊. 美国对缅甸战略传播行动的演进与特点［J］. 南亚东南亚研究，2020（6）：16–28+153–154.

的传播与引导方面尚存在空白地带；其二，战略相关各机构相对独立分散，各组织部门间协调性较差；其三，战略传播过程中，与受众缺少良性互动，致使部分战略针对性降低。然而，即使占领了战略传播的制高点，美国的国家战略传播依然"后劲不足"，主要体现于：①美国国家战略发展过程中，虽然其传播理念在全球得以广泛运用，但始终以自身利益为首要目的[1]，与当今"共同发展"这一时代主题相去甚远；②美国与其目标影响地区，如中国、东南亚地区等，远隔大洋，其实际传播效能有限，往往无法达成最佳效果；③同中国相比，美国缺乏类似中国跨国民族的文化认同，利用其固有民族优势的能力相对薄弱，在当代"文化战"中竞争力不强。

与之相比，中国倡导"同呼吸、共命运"的人类命运共同体建设，这也是中国战略传播的根本落脚点，在很大程度上超越了美国狭隘的政治利益传播观念。同时，中国与东南亚各国是一衣带水的邻邦关系，同根同源的民族情感共鸣成为地理优势基础上的文化根基，建立在文化根基上的情感交流与习俗互动，使中国拥有美国不可比拟的民族情感资源优势。民族是一个可以凭借自己的表达方式表达自己感情的共同体[2]，立足于同源文化的传播话语建设将激活共同的历史文化记忆，以相亲相近的文化传播方式促进区域命运共同体构建。"一带一路"倡议带来中国对外传播的转向，为提升对外传播效果，重视和区分目标受众，唤起沿线国家的情感共鸣，我们需要重新审视跨国民族这一客观存在的历史文化现象。

（一）我国借助跨国民族对外传播的历史溯源

1. 作为媒介和纽带的跨国民族对外传播

跨国民族之所以受到越来越多的关注，主要源于它对国际关系产生的巨大作用。与其他边民相比，由于在民族起源、语言文化、风俗习惯、价值规范等

---

1 卢曦知.后全球化时代中美国际传播战略转型比较研究［D］.重庆：四川外国语大学，2018.

2 李崇林.边疆治理视野中的民族认同与国家认同研究探析［J］.新疆社会科学，2010（4）：40-42.

方面的接近，跨国民族可以更加便利和及时地洞察两国（多国）关系中的有利和不利因素，是国家和地区间关系的晴雨表。一般而言，跨国民族兼具国家认同与民族认同的双重属性，跨国民族对于国家对外传播也同样有着双重影响。如果把跨国民族上升为一种对外传播的战略资源，用得好，我国与周边国家的关系会更加顺畅；用不好，则容易导致国家间关系的波动，甚至会引发外交纠纷。跨国民族对外传播研究，依赖于以经济为主的社会整体发展和国家对外话语建构的发展变化。按照李红杰的观点，当国家弱势时，跨国民族容易成为一个软肋，容易被敌对势力利用；而当国家强大时，跨国民族则转变成一个现实的资源，积极因素就会越来越多。[1] 当前，我国综合国力不断提升，与周边国家的关系也从对抗、竞争逐渐转向合作、共赢，跨国民族理应成为我国对外传播和与周边国家文化交流的媒介与纽带。

作为一个统一的多民族国家，我国的东北、正北、西北、西南和正南方向都有跨国民族分布，跨国民族的形成是由于长期的民族迁徙和政治经济等多方面的因素；作为一种客观存在的历史文化现象，跨国民族对我国对外关系尤其是与邻国的关系产生着持续不断的影响。比如东北方向的朝鲜族，在中朝与中韩的文化交往、学术交流和文艺交往中起着穿针引线的作用；广泛分布于松花江下游、乌苏里江流域和黑龙江中下游的赫哲族与俄罗斯的那乃人一直保持着密切的文化联系，是中俄友好关系的缩影[2]；正北方向的蒙古族，为中蒙整体关系的发展做出了巨大贡献；西北方向的维吾尔族、哈萨克族、乌孜别克族等在漫长的历史变迁和日常生活中逐步发展出各自适应西北地区生态和人文环境的地方性知识，其族际间的互动对于我国西北地区的发展至关重要[3]；西南和正南方向，是我国跨国民族分布最多的区域，其中云南 26 个世居民族中有傣族、

1　赵颖，卢芳芳. 首届"跨界民族与中国周边关系"研讨会综述［J］. 中国周边外交学刊，2017（1）：244-252.

2　葛公尚. 当代国际政治与跨界民族研究［M］. 北京：民族出版社，2006.

3　徐黎丽，王悦. 中国西北边疆跨国民族地方性知识功能探析［J］. 广西民族研究，2018（2）：66-73.

壮族、苗族、景颇族、瑶族、哈尼族、德昂族、佤族、拉祜族、彝族、阿昌族、傈僳族、布依族、怒族、布朗族、独龙族等 16 个跨国民族，为我国与周边国家增添了一层民族亲缘关系，是我国与周边国家发展睦邻友好关系的一个重要基础。

2. 跨国民族对外传播的开展与暂时中断

新中国成立初期，中国秉持革命外交的战略思想，学习苏联式社会主义模式与道路，虽为中国赢得了部分国家的支持，但也造成意识形态对立局势加剧，不利于中国外交事业的长远发展及国家对外形象的塑造。1953 年，苏联领导人斯大林去世后，中国改变整体思路，主张与周边国家和平共处，营造稳定的外交环境。在周恩来总理"求同存异、和平共处"的外交思想引领下，中国先后在日内瓦会议、万隆会议上取得丰硕的外交成果，成功将"和平共处五项原则"推广至国际社会，这是威斯特伐利亚体系形成以来对国际外交理论的重大贡献 [1]，为新中国开辟出全新的外交局面。在周恩来外交思想内核中，跨国民族占据着重要的战略地位。中缅边界划定前，周总理曾在当时缅甸的首都仰光同缅甸人民欢度"泼水节"，与吴巴瑞总理一起在云南芒市参加了中缅边境人民联欢大会；中缅边界划定后，周总理邀请吴努总理和夫人前往云南西双版纳欢庆傣历新年，并多次发表跨国民族之于我国与东南亚国家外交关系建设重要性的讲话，把跨国民族赞誉为中国与邻国关系友好桥梁的建设者，称应主动引领其服务于我国各项事业。[2]

然而，跨国民族最大的特点是跨国界而居，与国家边疆和国防安全密切相关。20 世纪 60 年代末期以后，我国逐渐收紧了跨国民族对外交往的政策。傣泰民族居住的中国西南地区与缅甸、老挝、越南、泰国接壤，在 80 年代末 90 年代初，由于国际贩毒组织和毒品贸易的进一步扩大，这一区域的社会关系日益复杂。跨国犯罪分子从事非法移民、贩卖毒品、走私武器、收集我国机密情报等

---

1 高明秀. 新中国历代领导人周边外交思想研究学术研讨会综述［J］. 中国周边外交学刊，2017（1）：234-243.

2 周恩来. 关于中缅边界问题的报告［J］. 中华人民共和国国务院公报，1957（30）：635-639.

多种犯罪活动，削弱了跨国民族对所属国家的整体向心力与凝聚力。我国也进一步收紧了傣族地区的边防政策，跨国民族对外传播出现了 20 余年的中断。

3. 跨国民族对外传播的回归与重塑

进入 21 世纪以后，在国家全方位开放政策的推动下，"传统的以'防御（守护）'功能为主的边境区域悄然发生了变化，新的'多功能'型国际性边境空间正在蓬勃兴起"[1]。我国与周边国家跨国民族文化交流的规模日益扩大，民间交往日趋频繁和活跃。特别是近年来，随着"一带一路"倡议的实施，我国外交工作积极作为，以前所未有的开放姿态扩大"一带一路"沿线朋友圈，中国同周边国家成为休戚与共的命运共同体。这需要结合新时代的最新要求调整自身的话语表达方式。"文化是一个民族区别于其他民族的主要标识，不同民族的差异主要就是民族文化之间的差异。民族的连续性与继承性，就是民族文化的稳定性。"[2] 在与各国沟通交往的过程中，如何有效发挥跨国民族的固有存量优势？回到民族文化本身、尊重跨国民族群体间的交往互动是其关键与要义。

中华民族具有特有的包容性，正如美国学者彼得·J.卡赞斯坦所说，"中国的文明身份是一个更为广泛的社会身份，具有政治相关性，包含了民族、种族和其他身份"[3]。跨国民族作为一个特殊群体，既有本民族在长期历史发展及共同生活中形成的民族共识，亦有逐渐形成的强烈的国家观念及国家归属感。纵观当下，世界正进入世界多极化、经济全球化、文化多样化、社会信息化的数字媒体时代，跨国民族凭借与周边国家同源民族间的紧密联系，可以作为天然的公共外交主体之一，扮演好民间友谊使者的重要角色，引导沿线国家的民意和舆论。基于此，立足于中国多元的民族文化，积极进行文化调适，重拾周

1　施琳.何以为邻?——"跨境民族"之关键概念辨析与研究范式深化［J］.西亚非洲，2019（3）：37-57.

2　刘稚.中国—东南亚跨界民族发展研究［M］.北京：民族出版社，2007.

3　［美］彼得·J.卡赞斯坦.中国化与中国崛起：超过东西方的文明进程［M］.魏玲，等译.上海：上海人民出版社，2018.

恩来总理等老一辈外交家的思想精髓,借助跨国民族拥有"文化共情"这一特点,重塑跨国民族在我国对外传播中的重要地位,在其实践交往互动中,共建共享进而主导一种新的话语秩序,对于当前我国战略传播体系的建设具有重要的推动作用。

(二)傣泰民族在我国战略传播构建中的价值体现

1. 东南亚是我国对外传播的优先方向,傣泰民族是区域内的最大族群

长期以来,我国对外传播都选择直面西方的核心地带,忽视了本土传播资源的整合与利用,以及周边国家和地区的地缘性优势。"一带一路"倡议作为连接中国与周边国家的重要实践,从本土和周边资源出发,找到了更加契合的构建中国特色战略传播体系的切入点。把东南亚作为当前我国对外传播的优先方向,原因有三:

一是这一区域汇集了中国、美国、日本、印度等多个大国的战略博弈,一直被视为国际关系中讨论的重点。自二战到奥巴马的"亚太再平衡战略"再到特朗普的"印太战略",东南亚一直是美国及其盟友围堵中国对外发展的战略支点。

二是中国与东南亚国家的交往历史源远流长,东南亚国家自古就是"海上丝绸之路"的重要枢纽,更是当前"一带"和"一路"的海陆交汇点,具有重要的地缘战略意义,是"一带一路"的重要区域。

三是这一区域提供了中国实施"一带一路"所需的重要机制与合作框架,从中国—东盟(10+1)对话到"澜沧江—湄公河"合作机制,再到"中老""中缅"命运共同体的构建,这一区域都起到了先试先行的示范作用。

东南亚是一个具有民族多样性与文化多样性的地区。如果按语言谱系来分,这一区域的民族可以分为:越南语民族,孟高棉语民族,傣泰语民族,马来语民族,藏缅语民族。[1]其中,傣泰语民族分布的范围最广、人数最多,是

---

1 何平.中国西南与东南亚跨境民族的形成及其族群认同[J].广西民族研究,2009(3):122-128.

这一区域的最大族群。

2. 充分挖掘傣泰民族战略资源优势，扬长避短助推我国战略传播建设

全球化与媒介的发展导致文化传播边界频繁被打破，加上随之而来的传播形式的多样化，使得国与国之间的较量由陆地战逐步转变为信息战、思想战。要想谋求更好的区域传播与发展效果，如何发挥傣泰民族的作用及其文化优势是一个巨大的考验。相较于传统的战略传播方式，借助跨国民族开展有针对性的对外传播具有以下优势：

其一，傣泰民族跨国而居，同根同源，彼此认同感强，在语言文化以及民族心理上几乎没有交流障碍，有着较为强烈的民族认同感。因此，可以通过民族认同增强周边国家同源民族对我国的认知度和好感度，进而达到对我国"一带一路"倡议的支持与认同。

其二，傣泰民族虽然居住在不同国家，但由于地域的毗邻和族缘的相近，相互之间有着天然的紧密联系，民间交往不断且日趋频繁。因此，可以通过这种人员往来、相互"走亲戚"的模式，扩大"一带一路"中的经贸合作和文化交流。

其三，傣泰民族区域内多宗教集聚，南传上座部佛教在区域内有着非常重要的影响。因此，通过相同或相近的宗教信仰，消解不必要的矛盾与障碍是"一带一路"倡议顺利开展的重要前提。

然而，不能忽视的是跨国民族始终是一个有着双重性的变量或因素。各种犯罪问题及国际博弈是我国在这一区域构建战略传播时必须要考量的重要因素。

总之，把跨国民族作为重要的战略资源来构建我国战略传播体系时，要充分利用跨国民族的积极因素，亦要规避或克服其中的消极影响。因此，本研究将从傣泰民族特殊的族缘属性出发，理清谁在这一区域建构传播主体话语，通过什么样的渠道、设置什么样的议题来达到什么样的目标，以此分析中美战略传播的优劣，寻求我国战略传播的突破，即通过中国傣族对中华民族的国家认同和与周边同源民族的族群认同，影响这一族群对中华文化的亲近和对中国的认可，从而共同指向周边命运共同体的构建。

第二节　跨国傣泰民族战略传播的理论和实践基础

回到本研究的主题——跨国民族与战略传播，这里有两个关键概念：民族、传播。有关"民族"与"传播"的不同研究路径，构成了本研究的理论基石，但通过对相关研究文献的梳理，笔者发现过往民族传播的研究均聚焦于较为狭隘的某一地方或某一民族的传播现象，困囿于传统的理论范围和视野里。"一带一路"倡议的实施为我国对外传播事业的创新提供了难得的历史机遇，然而我国基于国际视野的顶层战略传播设计与资源整合机制仍处于缺位状态，对理论方法和学理范式的探讨仍有不足；"一带一路"沿线居住着不少跨国而居的同源民族，但我国基于这类民族的对内对外传播几乎处于失语状态，国际前沿研究不够系统和持久，在向国际学界展示中国拥有重大议题设置和范式引导能力方面较为薄弱。在周边命运共同体建设的背景下，我们对有地缘、族缘相亲的周边国家和民族存在大量的知识空白，我国民族与传播的研究亟须进行重大的理论创新和研究范围的拓展。民族与传播的对话、"一带一路"倡议与中国对外传播的转向共同构成了本研究的理论与实践基础。

一、理论基础：民族与传播的对话

从学科的发展历程来看，滥觞于 19 世纪中叶的民族学研究明显早于 20 世纪二三十年代起作为跨学科产生及至五十年代才独立建制的传播学。在民族学领域，新闻传播的蓬勃发展并未对其整体学科建设造成影响，民族学学者或者人类学学者沿袭了以往开疆拓土的习惯，仅把传媒（媒介）视为学科应用的新技术手段，对媒介本身的逻辑、特质和传播过程并不关心，继续耕耘其整体学科基石的田野调查。相较于更为年轻的传播学而言，民族学的视野和相关研究方法，却一直为传播研究不断汲取和借鉴。在有关民族与传播的研究中，传播学学者分别从宏观层面对现代传媒和少数民族的社会文化、整体发展与传播效果进行阐释和调查，从微观层面探析不同传播媒介是如何嵌入少数民族的日常生活的，并对其个体认知、思想冲击和文化传承带来的影响进行记录和思考，共同寻求媒介化背景下少数民族地区新的调试、应对与发展之路。目前，该领域的研究主要聚焦于"现代传媒与少数民族的社会、文化、观念、生活方式等方面的互动与关联"[1]。研究现状可以大致归为以下三类。

（一）媒介影响下少数民族和民族地区的发展与传播问题

这一理论脉络承接发展传播学的路径，经典文献溯及美国学者丹尼斯·勒纳在 1958 年出版的《传统社会的消失：中东的现代化》，勒纳通过对中东七个国家（希腊、土耳其、黎巴嫩、埃及、叙利亚、约旦和伊朗）从传统到现代转型过程的调查，强调了这些发展中国家在现代转型过程中虽或多或少受到了西方国家的影响，但其中重要的因素是具有典型现代特征的大众媒介的影响。他由此确立了发展传播学研究的目的，即利用现代传播手段，改变发展中国家贫穷落后的现状，有效促进社会发展。1964 年，传播学集大成者施拉姆在《大众传播媒介与社会发展》一书中重点强调了信息传播对发展中国家的重要作用，他指出："有效的信息传播可以对经济社会发展做出贡献，可以加速社会变革的进程，也可以减缓变革中的困难和痛苦。"[2] 1966 年，罗杰斯在成名作《创新扩散》（1962）之后出版了《大众传播与国家发展》一书，提出以"接触大众传媒"为中心环节的传播与发展模式，他将新思想、新事物的普及推广视为特殊的传播形态，把传播当作社会变革的基本要素之一，因此社会变革过程

1　孙信茹，杨星星. 媒介在场·媒介逻辑·媒介意义——民族传播研究的取向和进路［J］. 当代传播，2012（5）：15-20.

2　［美］威尔伯·施拉姆编. 大众传播媒介与社会发展［M］. 金燕宁，译. 北京：华夏出版社，1964.

也是创新和发明的推广和扩散过程。以上经典文献，虽不直接涉及民族与传播的对话，但因其站在发达国家的视角研究传播对于发展中国家的影响（也被称为"东方学"），20世纪80年代传播学进入中国以来，即被中国新闻传播学者广泛采用，成为站在国家立场研究少数民族传播与发展的重要路径之一。

值得一提的是，当20世纪80年代传播学进入中国时，中国本土的新闻学者亦开始了我国民族新闻学的探索之路。民族新闻学的研究，主要集中于"民族新闻定义的辨析、民族新闻报道、新闻业务研究和民族新闻学学科建设等方面"[1]，当时的研究主力是少数民族地区省／自治区级报社创立的新闻研究机构以及民族地区高校的新闻院系，影响力较大的著作主要集中在内蒙古和广西等地，研究者大部分为少数民族学者，关注蒙古族、藏族等大族群。1986年，马树勋（回族）的《民族新闻探索》出版，拉开了我国民族新闻学研究的序幕。该书以论文集的方式，从多个角度探讨了"我国民族地区如何办好具有民族特色的、深受民族地区人民群众喜爱的报纸和广播，如何重视民族题材的新闻报道等问题"[2]；1997年，白克信（回族）、蒙应合著的《民族新闻学导论》一书阐述了"我国民族新闻学的起源、发展、现状及其传播规律，探讨了民族地区报纸的办报方针、根本任务"[3]；此后，林青的《中国少数民族广播电视发展史》（2000）、益西拉姆（藏族）的《中国西北地区少数民族大众传播与民族文化》（2002）、周德仓的《西藏新闻传播史》（2005）等著作陆续出版，以2008年白润生的《中国少数民族新闻传播通史》问世为时间点，形成了我国少数民族新闻传播事业的专门化研究。然而，这类研究以史料收集为主，为中国新闻史研究增补了少数民族新闻史的研究内容，为后续相关研究提供了重要的文献资料，但理论和前沿方面的讨论较为薄弱，尚未形成民族与传播研究的基本理论框架。不过，益西拉姆等人之后的研究已经开始从理论层面关照大众传播对少数民族文化的影响和冲击，并进行了相应的实证研究。中国的民族新

1　白润生编.中国少数民族新闻传播史［M］.北京：中央民族大学出版社，2008.

2　马树勋.民族新闻探索［M］.呼和浩特：内蒙古人民出版社，1986.

3　白克信，蒙应编.民族新闻学导论［M］.桂林：广西师范大学出版社，1997.

闻学开始与发展传播学的理论和解释框架进行对话，媒介如何影响少数民族现代化逐渐成为研究关注的重点。

1999 年，复旦大学新闻学院与云南大学新闻系联合组织了"云南少数民族地区信息传播与社会发展关系"的专题调研。该研究是我国民族与传播研究领域里，"第一次系统运用传播学的理论和方法，从理论关照到问卷设计和数据综合处理以及引出结论，站在较为宏观的层面首先对云南民族地区的媒介发展现状进行摸底调研，进而探讨大众传播如何促进当地人的现代化和如何影响了当地文化的发展与传承"[1]。2002 年，通过"中国发展传播学"项目，姚君喜对甘肃反贫困战略中，大众传播媒介与社会发展中的政治、经济、文化之间的相互关系进行实证分析，得出了很多在今天仍然有借鉴意义的基础数据。这两组调查都得益于复旦大学信息与传播研究中心的支持。在后续十余年的发展中，云南大学基于云南省丰富的民族文化资源和稳居全国前列的民族学、人类学学科优势，开始引入民族学的研究方法进行传播研究，开启了民族志传播学的研究新篇章；姚君喜等继续发展传播学的研究路径并于 2009 年出版了《中国发展传播学》共 9 卷的调研报告。[2]

21 世纪以来，国家社科基金和教育部人文社科项目开始大力支持传播学在民族地区的应用调研[3]，可见国家对大众传媒与少数民族地区社会发展相互影响的情况的重视。自 2008 年起，复旦大学刘海贵教授带领的团队分别从单个少数民族（吴定勇从侗族，庹继光、李缨从土家族，汤景泰从满族，柳盈莹从傣族，庄金玉从维吾尔族等，共涉及 10 余个少数民族）的角度，对该民族的传统传播方式到现代的媒介传播等进行了系统梳理，并对该民族地区不同媒介的变迁与发展现状进行了实地调研，进而针对不同民族的媒介化生存道路提出了具体的可参考的建议。2009 年，第一届"中国少数民族地区信息传播与社

1　张宇丹编 . 传播与民族发展 [M]. 北京：新华出版社，2000.

2　郑西帆，王玲宁，等 . 中国发展传播学 [M]. 杭州：浙江大学出版社，2009.

3　程郁儒 . 论以传播学理论之田野调查方法为基础的分场域调查法 [J]. 云南财经大学学报（社会科学版），2010，25（1）：148-150.

会发展论坛"在中国人民大学举行，之后每年都会选择在一所民族地区的院校举办，距今已成功举办了11届，论坛始终站在"国家整体发展的战略高度来关注民族地区的新闻教育、传媒改革和经济社会发展"[1]，成为我国新闻传播学者研究民族和民族问题的重要精神家园。

发展传播学关注媒介影响下的少数民族和民族地区的发展与传播问题，而民族地区的新闻传播事业发展以及能否在这些地区实施有效的政策宣传和舆论引导，直接关系到民族地区的工作成效。因此，以发展传播学为路径的民族与传播研究得到国家的重视与扶持，但这一领域的研究主要集中于应用研究，理论关照较为缺失，无论是研究议题还是研究方法都略显滞后，后续发展吃力，很难与其他社会科学研究对话。在原有系统收集的资料的基础上，民族与传播的研究亟须汲取其他学科的养分，促进中国民族与传播的对话、世界民族与传播的对话。

（二）大众传媒如何嵌入少数民族的日常生活及互动研究

如果说媒介影响下的少数民族和民族地区的发展与传播问题更多的是从宏观的国家传播主位视角出发的，那么关注现代传媒如何嵌入少数民族的日常生活则更多的是从微观层面考察具体场域中少数民族日常生活的变迁与人际交往是如何随着大众传媒的介入而变化的。循此路径的研究者综合借用民族学、人类学、社会学等多种学科的理论资源和研究方法，试图对"传播"和"媒介"进行重新理解和阐释。20世纪80年代，师从伯明翰学派创建者斯图尔特·霍尔的英国学者大卫·莫利"用人类学和社会学的视角来审视文化和传播，从而超越了传统文化研究'文本化'的局限"[2]，他在《电视、受众与文化研究》一书中运用民族志方法对电视受众及其文化的多元性与复杂性作了探究。1989年，詹姆斯·W.凯瑞的重磅论文集《作为文化的传播》惊艳亮相，他将"传

1　郑保卫.在第十届中国少数民族地区信息传播与社会发展论坛开幕式上的致辞［EB/OL］. https://xwcb.gxu.edu.cn/info/1017/3749.htm.

2　史安斌.《电视、受众与文化研究》译后记［J］.国际新闻界，2004（3）：60-62.

播"理解为一种"文化仪式",并以此来抵制美国传播学主流的"传递观",这一理念为民族与传播的研究提供了思想养料。[1] 也正基于此,借用民族志、田野调查等进行的传播研究,从国内到国外就一直集中于少数族裔、边缘或趣缘群体,关注不同媒介如何嵌入不同文化群体的日常生活,与之产生互动并在其影响下带来变化。我们一般把这一脉络称为民族志方法在传播研究中的应用,或者直接简称为"民族志传播学"[2]。

2002 年,蔡骐、常燕荣在《文化与传播——论民族志传播学的理论与方法》一文中较为全面地介绍了民族志传播学的发展史,讨论了"该学科关于文化与传播的相关理论以及把文化视为意义共享的意义体系,这为传播研究提供了新视野,呈现出民族志方法在传播研究中的巨大潜力"[3]。此后,郭建斌以云南一个独龙族社区作为研究个案,探究了社会转型时期大众媒介尤其是电视在少数民族社区和社会关系中所扮演的角色和造成的影响[4],他的博士论文是我国新闻传播学中第一篇用民族志方法完成的博士论文。2007 年,吴飞在其博士后研究中,前往独龙乡进行民族志调研,从"传播网络"的视角考察了"火塘、教堂和电视在相对封闭的独龙族社区展现出的民族文化面对大众文化入侵时的冲突和融合"[5]。受郭建斌和吴飞的影响,金玉萍(2010)在托台村对维吾尔族受众日常生活中的电视使用[6]、杜忠锋(2012)从基督教传播的维度切入丙

---

1 ［美］詹姆斯·凯瑞编. 作为文化的传播:"媒介与社会"论文集·引言［M］. 丁未,译. 北京:华夏出版社,2005.

2 郭建斌. 民族志传播:一幅不十分完备的研究地图——基于中文文献的考察［J］. 新闻大学,2018(2):1-17+149.

3 蔡骐,常燕荣. 文化与传播——论民族志传播学的理论与方法［J］. 新闻与传播研究,2002(2):16-22+95.

4 郭建斌. 电视下乡:社会转型期大众传媒与少数民族社区——独龙江个案的民族志阐释［D］. 上海:复旦大学,2003.

5 吴飞. 火塘·教堂·电视:一个少数民族社区的社会传播网络研究［M］. 北京:光明日报出版社,2008.

6 金玉萍. 日常生活实践中的电视使用——托台村维吾尔族受众研究［D］. 上海:复旦大学,2010.

中洛乡多民族生活世界的建构[1]、李昌（2014）对景真村傣泐民族国家概念的接受以及党和国家民族政策的传播等研究都规范化地使用了民族志传播学的研究路径[2]。在独龙乡之后，郭建斌把研究的田野点拓展到滇川藏交界的"大三角"地区，从电视媒介到流动电影，考察了传播的国家"在场"与当代中国社会建构，把民族志的单点调查推进到多点调查。[3]

运用民族志和田野调查等研究方法对民族与传播之间的互动和关联进行探析，是一种全新的观察少数民族社会发展和文化变迁的方法。近十年来，孙信茹、杨星星、陈静静等学者通过对云南省境内的红河州元阳箐口哈尼族村、怒江州兰坪大羊普米族村、大理州剑川石龙白族村、德宏州瑞丽大等喊傣族村四个传统少数民族村落中不同媒介尤其是手机等新媒体的使用进行考察，试图阐释跨越时空界限的新媒介对偏远地区少数民族使用者生活语境的改变，并洞察其背后的复杂性和差异性，研究取得了不少标志性的成果。然而，有关民族志在传播学中的运用，经常存在一个误区，即民族志是专门用来研究少数民族及其文化生活方式的研究方法。诚然，民族志的开拓者马林诺夫斯基在《西太平洋的航海者》里陈述民族志的初衷是"把关于对异地人群的所见所闻写给和自己一样的人阅读"[4]，但经由一个世纪的发展，"民族志研究者以整体观来看待自己的研究对象，即民族志的使命是以整体的方式描绘出一个社会、一种文化"，"民族志也更多地向哲学、政治、历史、艺术和主流社会的公共议题开放"。[5]由此，我们不难发现，民族志传播学也转向更加多元的议题：曹晋（2009、2012、2014）以流移上海的家政女工的手机使用、

1　杜忠锋.基督宗教传播与少数民族日常生活世界的建构——基于云南丙中洛乡的民族志调查[D].杭州：浙江大学，2012.

2　李昌.景真村的国家认同[D].武汉：武汉大学，2014.

3　郭建斌.在场：流动电影与当代中国社会建构[M].上海：上海交通大学出版社，2019.

4　[英]布罗尼斯拉夫·马林诺夫斯基.西太平洋上的航海者[M].张云江，译.北京：中国社会科学出版社，2008.

5　高丙中.民族志发展的三个时代[J].广西民族学院学报（哲学社会科学版），2006（3）：58-63.

字幕工作组和都市知识劳动群体为对象[1-2]，丁未、田阡（2009）以农民工群体为对象[3]，沙垚（2016）以"文化下乡"的困境与出路为对象[4]，白红义（2017）在新闻编辑室做田野[5]以及孙信茹、王东林（2019）对四驱车网络趣缘群体的考察[6]等，都代表着民族志传播学研究从单纯的民族领域转向多元的社会领域。

民族志传播学作为发展传播学在中国民族与传播视域里的推进和拓展，让一个个处于边疆、边缘的少数民族和民族社会的形象出现在主流传播学的视野里，且越来越受到广大传播学者的关注。这些研究大多以个案的方式呈现，大部分研究成果集中在对不同民族田野资料的系统化收集、整理和阐释，分析框架明晰、田野故事生动，遵循凯瑞所谓"传播是一个意义生成的过程，而不仅仅是信息的传递；传播是一个持续的过程，而不仅仅是产生影响的一种手段"[7]。因此，传播总是一个与特定文化相关的过程，传播会被各种偶然的因素所制约和影响，并不总是理性和全面的。关于民族志传播学的研究，最被质疑的一点是，这样的个案与个案之间有何差异和关联，个案分析之后的理论延续性不强，以及对民族传播的全局性和整体性关照略显不足。

1　曹晋.传播技术与社会性别：以流移上海的家政钟点女工的手机使用分析为例[J].新闻与传播研究，2009，16（1）：71-77+109.

2　曹晋，张楠华.新媒体、知识劳工与弹性的兴趣劳动——以字幕工作组为例[J].新闻与传播研究，2012，19（5）：39-47+110.

3　丁未，田阡.流动的家园：新媒介技术与农民工社会关系个案研究[J].新闻与传播研究，2009，16（1）：61-70+109.

4　沙垚.乡村文化传播的内生性视角："文化下乡"的困境与出路[J].现代传播（中国传媒大学学报），2016，38（6）：20-24+30.

5　白红义.在新闻室做田野：作为方法的新闻民族志研究[J].现代传播（中国传媒大学学报），2017，39（4）：61-67.

6　孙信茹，王东林.玩四驱：网络趣缘群体如何以"物"追忆——对一个迷你四驱车QQ群的民族志考察[J].新闻与传播研究，2019，26（1）：24-45+126.

7　[美]詹姆斯·凯瑞编.作为文化的传播："媒介与社会"论文集·引言[M].丁未，译.北京：华夏出版社，2005.

（三）大众传媒及其传播话语如何参与民族身份的想象与建构

不同于宏观层面，发展传播学关注大众媒介介入下少数民族地区的发展和彼此相互联系所产生的影响；也不同于微观层面，民族志传播学聚焦不同媒介对少数民族日常生活的嵌入与对其交往方式的改变。民族与传播研究的第三个维度，从较为中观的层面理解大众传媒如何构建了一个共享的经验世界，即通过传播媒介再现相同的叙事方式，并以其特有的话语表征生产意义影响民族的意识和观念，从而建构统一的民族身份想象。当前，传播话语与身份建构，经常和性别、种族、民族主义、全球化等概念紧密联系在一起，经由不同学科的推动，成为人文社会科学研究里重要的思想源泉。斯图加特·霍尔开辟了建构主义，认为"文化身份确实与祖先保持着连续性，但由于时间的流逝、空间的迁移，文化身份也随之呈现断裂性"[1]。顺着这一理论脉络，萨义德在《文化与帝国主义》中、霍米·芭芭在《民族与话语》中都意识到身份或文化的建构离不开权力与话语的掌控，并对传统固定不变的文化观、身份观发起挑战。"身份是一种文化的建构，因为构成身份要素的话语资源在性质上是文化的"[2]，而话语本身具有建构性的力量，在福柯看来，"话语是为了达到一定目的而说出的论证性言语，话语的形成、散播、转换、合并等过程一定会与一系列的社会文化因素紧密相关"[3]。因此，"作为一个动态的社会建构过程，文化身份拥有多种不同层次的建构资源，比如阶级、地方性、性别、代际、族群、宗教、政治等"[4]。

我国的民族学和人类学学者很早就将传播视为少数民族文化身份建构的重要力量。在他们的视野里，传播具有鲜明的工具性与中介性，尤其是伴随着媒介技术的迅猛发展，民族文化身份经由大众传播形成统一的文化符

1　［英］斯图加特·霍尔，保罗·杜盖伊编著.文化身份问题研究［M］.庞璃，译.开封：河南大学出版社，2010.

2　BARKER C. The sage dictionary of cultural studies［M］. London：Sage，2004.

3　［法］米歇尔·福柯.知识考古学［M］.谢强，马月，译.北京：生活·读书·新知三联书店，2010.

4　周宪编.文化研究关键词［M］.北京：北京师范大学出版社，2007.

号，成为外界认识和想象一个民族的重要来源。新闻传播学者则主要从大众传媒广泛参与文化身份的建构过程和大众传媒为文化身份的建构提供重要信息内容和关键传播内容两方面展开论述。一方面，中央主流媒体发布与传播有关民族文化身份的信息，持续不断地影响相应的少数民族建构自我身份的认知。如高焕静（2015）以《人民日报》1950—2014 年间少数民族新闻报道为样本，分析我国传播语境中，党报对少数民族群体和某个特定少数民族形象是如何建构的，遵循何种规则并使用了哪些具体策略生产我国少数民族形象的意义。[1] 另一方面，作为民族文化身份建构的场所、空间和平台，大众传媒还常常将文化身份建构的其他资源，诸如语言、民族传统故事文本再现、民族团结代言人等纳入其自身传播体系进行广泛传播。如张莉（2013）就对"库尔班大叔上北京"的全媒体，包括报纸、广播、电视、电影等狭义媒介和人物、空间等广义媒介的中介化文本进行分析，讨论了民族与国家关系中的话语实践并立体呈现了作为中华民族不可或缺的维吾尔族的文化身份。[2]

数字与全球传播时代的到来，改变了传统的媒介形态和传播规律，同时也对人类的生活方式和思维方式产生了巨大影响，最为突出的表现是民族主体身份的觉醒，即其主动参与建构自我文化身份，进而带来身份认同的重塑。在新旧媒体融合的背景下，民族文化身份问题变得异常多元复杂，充斥着传统与现代、本土化与全球化、自我文化与他者文化等冲突的矛盾命题。齐格蒙特·鲍曼曾言："由于技术原因导致的时间／空间距离的消失并没有使人类状况向单一化发展，反而使之更趋向两极分化。"[3] 乔治·拉伦在《意识形态与文化身份：现代性和第三世界的在场》中整合了霍尔、哈贝马斯、麦尔赛等人的观点，从全球化与民族身份，文化身份与本质论，文化身份、历史和差异等方面提出，

1　高焕静.《人民日报》（1950—2014）少数民族形象建构研究［D］. 杭州：浙江大学，2015.

2　张莉. 民族与国家关系中的话语实践及变迁研究［D］. 上海：复旦大学，2013.

3　［英］齐格蒙特·鲍曼编. 全球化：人类的后果［M］. 郭国良，徐建华，译. 北京：商务印书馆，2001.

应该提防"把身份视为清楚界定了的、普遍接受的界限"[1]。在此脉络下，南长森（2012）以西北少数民族为对象[2]，张媛（2014）以西南少数民族为对象[3]，金玉萍、王婧（2014）以维吾尔族大学生为对象[4]等讨论了在大众媒介和人际传播的互动影响下，少数民族对于国家认同边界的形成，以及媒介环境变化使得民族身份问题时刻处在建构、解构、重构的流动循环当中。

以上三种路径构成了当前民族与传播研究的总体图景，而民族与传播的研究业已成为新闻传播研究中不可或缺的一部分，同时也是传播学本土化的重要基石。民族与传播的研究，不仅仅是学理建构的理论问题，更是关照历史与现实的实践问题，我们理应从实践的角度展开研究，以形成关怀全局的跨学科视野，进而才能透视当前轰轰烈烈的全球化与媒介化的民族传播问题。

为了理清这一问题，首先应该回到"民族"这一核心概念。在汉语中，"民族"（nation）经常与"种族"（race）和"族群"（ethnic group）混用。关于"民族"与"族群"的异同，英国学者安东尼·史密斯认为，"'民族'是人类在一个新的政治基础上统一形成的某种新的共同体，而'族群'则更强调共同的血统和谱系、情感上的强大号召力以及对本土文化的高度重视"[5]。美国政治学家卡尔·多伊奇曾提出"文化民族"和"政治民族"的区别，即"文化民族"是指经由历史形成的文化共同体，而"政治民族"则多指由主权国家构成的多民族共同体，如中华民族和美利坚民族。[6]新中国成立之初，我国政府和学界所采用的"民族"定义，是以斯大林的民族理论和有关民族关系的制度

1　[英] 乔治·拉伦. 意识形态与文化身份：现代性和第三世界的在场 [M]. 戴从容，译. 上海：上海教育出版社，2005.

2　南长森. 西北少数民族地区新闻传播与国家认同研究 [D]. 武汉：武汉大学，2012.

3　张媛. 媒介、地理与认同：中国西南地区少数民族国家认同的形成与变迁 [D]. 杭州：浙江大学，2014.

4　金玉萍，王婧. 维吾尔族大学生新媒体使用与身份认同 [J]. 新疆大学学报（哲学·人文社会科学版），2014，42（5）：67-71.

5　[英] 安东尼·史密斯. 民族主义：理论、意识形态、历史 [M]. 叶江，译. 上海：上海人民出版社，2006.

6　[美] 卡尔·多伊奇. 国家关系分析 [M]. 周启朋，等译. 北京：世界知识出版社，1992.

与政策为依据的解释和阐述，即"民族是人们在历史上形成的一个有共同语言、共同地域、共同经济生活以及基于共同文化上的共同心理素质的稳定的共同体"[1]。针对这一定义，不少民族学和人类学学者通过细致的考证和论述指出，斯大林对"民族"的定义"四个特征，缺一不可"，形成一条从外向内紧缩的螺旋线，终端圈定了"民族"的空间外延，"民族"的内涵也得不到扩展，以此"民族"的定义概括不了我国境内的蒙古族、维吾尔族、傣族等以历史文化特征为标识且与周边邻国跨界而居的少数族群的特征。[2]

2005 年 5 月，中央民族工作会议上，中共中央、国务院重新概括了新时期关于我国民族问题的基本理论和政策，共包括十二个方面（简称"12 条"），其中第一条将"民族"重新定义为："民族是在一定的历史发展阶段形成的稳定的人们共同体。一般来说，民族在历史渊源、生产方式、语言、文化、风俗习惯以及心理认同等方面具有共同特征。有的民族在形成和发展过程中，宗教起着重要作用。"[3]这个表述与斯大林的"民族"定义有着本质的差异，不仅剔除了其"民族"定义中"共同地域"的特征，还通过生产方式、风俗习惯以及心理认同等词解构了"共同心理素质""共同经济生活"两大特征[4]，从一定意义上把上述跨国界而居，即民族居所与国家边界不相吻合的民族群体重新纳入我国民族研究的范畴，这类民族是"在历史上大多就已形成了共同的语言、文化、经济、地域生活的人们共同体，而'跨界'则是近现代中国与周边国家国界线最终划定后的事"[5]。因此，如何重塑国家话语、重新阐释这类民族成为近年来跨学科关注的一个重点，"跨境民族""跨界民族""跨国民族"等不同的概念纷纷出现（本文使用"跨国民族"的表述，详见核心概念阐释），国家认同和民族认同的边界等讨论开始产生更多的学术养分。

1　斯大林.斯大林全集（第 2 卷）[M].北京：人民出版社，1953.

2　马戎编著.民族社会学：社会学的族群关系研究 [M].北京：北京大学出版社，2004.

3　本书编写组.中央民族工作会议精神学习辅导读本 [M].北京：民族出版社，2005.

4　龚永辉.民族概念：话语权与学理性——中央"12 条"与马克思主义民族理论中国化研究之一 [J].广西社会主义学院学报，2006（1）：34-38.

5　刘稚.中国—东南亚跨界民族发展研究 [M].北京：民族出版社，2007.

当前，世界上绝大多数国家都是由多族群构成，国家成立之初首要面临的问题就是如何在国家内部实现各个族群对国家共同体的认同，增强少数族群的归属感和国家公民身份的认同感。安德森提出"想象共同体"这一概念，用来说明"如何通过印刷资本主义和语言的统一，让读者在阅读、记忆的共时性想象中产生强烈的国家认同感"[1]。此后几十年间，通过"民族起源的神话、历史人物和民族英雄的塑造、代表景观的再现设计和文学文本、大众传媒等传播手段，以生产意义的方式影响该民族的意识和观念，规范该民族共同的行为与生活方式"[2]，不断强化民族身份，以作为国家共同体的一员参与国家的现代化进程。在这里，建构主义强调，话语可以表征世界、构建关系、表达意义。具体到我国跨国民族文化身份的话语建构来说，从新中国成立到改革开放这段时期，由于主流意识形态的引导，民族话语表征高度统一，民族身份认同基本等同于国家认同；而后，随着政治环境的变化、经济社会的发展和文化交流的频繁，民族主体性的话语开始觉醒，跨国民族的身份问题被重新看待和认识。

根据《中国民族统计年鉴（2018）》，我国已经识别的 55 个少数民族中，有 32 个民族属于跨境而居[3]，因此既有的民族与传播研究的范式并不能完整地反映我国民族与传播的全貌，亦不能与民族多元身份观建构的前沿理论进行对话。冷战后，美国学术界重启"族群与美国外交"的研究，哈佛大学政治学教授塞缪尔·亨廷顿就曾指出，"由于美国移民的新趋势、多元文化主义的发展和冷战后国民认同的瓦解，族群在美国对外政策制定中的作用增强了"[4]。20 世纪末，学术焦点开始转向与全球化密切相关的民族主义和其他形式的特殊主

1　［美］本尼迪克特·安德森.想象的共同体［M］.吴叡人，译.上海：上海人民出版社，2016.

2　肖青，李淼.民族文化经典的"再地方化"——"阿诗玛"回归乡土的个案［J］.新闻与传播研究，2017，24（5）：5-29+126.

3　国家民族事务委员会经济发展司，国家统计局国民经济综合统计司.中国民族统计年鉴（2018）［M］.北京：中国统计出版社，2019.

4　HUNTINGTON S. The erosion of American national interests［J］. Foreign Affairs，1997.

义，"与全球同质化的趋势齐头并进的是民族话语的强势回归"[1]。

此次全球化浪潮中，中国不仅被裹挟带入全球文化的漩涡，更是主动打开国门迎接全球传播时代。如何构建新传播语境下的中国国家话语体系成为当下最重要的时代课题。在民族与传播的视域里，与周边国家同根同源、语言文化宗教等相通的跨国民族和"为实现国家战略利益和战略目标而对重要的特定受众进行的传播、沟通和接触活动"[2]的战略传播在很长一段时间内并未受到足够的重视，如何在两者之间构建一个更好的传播范式，用跨国民族身份优势助推我国战略传播的路径提升，通过我国边境民族与周边国家同源民族间的边民互动增进感情，营造国家间友好往来的氛围、加深与重塑彼此交错的历史记忆，进而跨越与这些国家和地区交往交流中的人文障碍，实现真正意义上的"民心相通"与"互联互通"，是新时期我国开展对外传播的一个重要课题。

二、实践基础："一带一路"倡议与我国对外传播的转向

党的十八大以来，习近平总书记在多个场合强调要积极构建"人类命运共同体"，这是为解决全球性治理难题而做出的具有东方智慧的"中国方案"。"一带一路"倡议着重构建中国与相关国家的紧密联系，形成不可分割的利益共同体和命运共同体。然而，当前内嵌于全球主流话语中的我国对外传播话语，很难在关键时刻向关键受众发出"中国声音"，传统的对外传播方案已经无法适应中国发展的需要。新的国际格局带来国际传播领域的深刻变化，"一带一路"倡议不仅成功促进了中国与沿线各国在经贸、能源等方面的合作，更在文化交流与互动中推动了中国文化更好地走向世界，为我国对外传播事业带来了难得的历史机遇，引导对外传播活动进入一个新时期。在此大背景下，盘活原有的传播资源，转变既有的传播模式，突破全球现有的传播话语体系，

1　[英]戴维·赫尔德，等.全球大变革：全球化时代的政治、经济与文化[M].杨雪冬，等译.北京：社会科学文献出版社，1999.

2　赵启正.提升对"战略传播"的认识和实践[J].公共外交季刊，2015（3）：1-5+123.

形成具有中国特色的战略传播体系，用传播受众听得懂的语言"讲好中国故事"，成为本研究得以展开的实践背景和现实基础。

（一）作为推动中国与沿线国家合作共赢的"一带一路"倡议

"一带一路"倡议并非凭空产生的，而是对古人经验的借鉴与升华，是对前人实践经验的不断提炼，且不断赋予其时代内涵。该倡议旨在建设"丝绸之路经济带"和"21世纪海上丝绸之路"，连接中国与沿线国家，实现新时代各国经贸的"互利共赢"。先秦时期的岭南先民，已有中外沟通的先例，通过渔业等活动，先民们在南海乃至南太平洋沿岸及其岛屿中穿梭，将文化直接或间接传播至印度洋沿岸及其岛屿；秦至两汉时期，沿海地区商业活动逐渐频繁，商业中心逐渐辐射至周边地区与国家，多条航线建立，以供人们进行商业活动；明代时，明成祖朱棣鼓励对外开放，派郑和作为使者带领中国船队先后七次下西洋，分别到达爪哇、暹罗（今泰国）、苏门答腊等地，率先连接起中国与东南亚地区。到了21世纪，为深化"海上丝绸之路"的精神并促进中国与世界各国的沟通往来，习近平总书记在2013年10月访问印度尼西亚时提出建立"21世纪海上丝绸之路"的倡议，并与"丝绸之路经济带"一同构成"一带一路"的伟大构想。"一带一路"倡议自提出伊始就注入了新时代的生命力从而更能适应当代国际社会发展，其理论意义也随着实践的进一步深化而不断加强完善。

"一带一路"倡议提出至今，已走过了九个年头。这九年里，中国始终秉持与沿线国家"共商共建"的理念，在推动经贸合作与文化交流的同时，为世界经济的发展贡献中国智慧。在各方领导与人民的不断努力下，"一带一路"倡议分别在贸易自由化、对外投资渠道扩展、区域互联互通、多边金融合作深化等方面发挥了重要作用。其中，在区域互联互通进程中，"一带一路"始终坚持"民心相通"的重要内容，以区域经济文化的沟通交流为纽带，推动我国与周边国家、官方与民间的强有力的交流与往来，在睦邻的同时为我国新时期的对外传播事业提供了可行路径。

2017 年 5 月和 2019 年 4 月，中国相继成功举办了第一届和第二届"一带一路"国际合作高峰论坛，在经济、文化建设等方面取得了一系列共识和务实性成果。第二届论坛结束后，国务委员兼外交部部长王毅在接受记者采访时提到："第二届高峰论坛的成功举办，是习近平外交思想的成功实践，生动体现了中国理念、中国倡议的国际感召力和影响力，集中凝聚了世界各国开放发展、合作共赢的共同心声。"[1] 中国"一带一路"倡议旨在构建"互利共赢"的国际交流合作平台，始终坚持以人民为中心的理念和共同发展的大方向，推动中国与倡议沿线各国建立起友好合作的伙伴关系。同时，"一带一路"倡议也引导国际间文化的交流与传播，此举措不仅让中国文化走出国门，更加深了世界各国对中国文化的认同感，为"中国故事"的讲述提供了良好的契机。

在"逆全球化"思潮和贸易保护主义不断抬头的时代背景下，不少西方国家纷纷关闭国门，建立贸易壁垒，相较而言，中国始终坚持"对外开放"的基本国策。党的十九大报告明确提出："中国对外开放的大门不会关闭，只会越开越大。"[2] 作为全面开放的重点，"一带一路"倡议更是铆足力气，深化中国与各国在经贸领域的务实合作，并不断取得阶段性成效。以经贸合作为基点，在寻求贸易投资与合作的同时，更融入了文化的合作与交流。伴随着"一带一路"建设，"各国文化相互尊重，交流互鉴"这一观点也不断被内化于中国与各国文化交流的行动中，突破了西方国家"强制文化输出"的理念。在此过程中，各国不断寻求文化功能的突破，逐步融入"命运共同体"的建设进程中，将"一带一路"的文化纽带作用落到实处。基于此，借助拥有地理毗邻条件与悠久历史文化优势的"海上丝绸之路"的构建，推动"一带一路"倡议在东南亚地区的协调运行与发展的实践研究便有了展开的基础；同时，利用"海上丝绸之路"的先赋历史优势，助推我国"一带一路"倡议面向东南亚地区的传播，这也为中国战略传播提供了新的实践方案。

1 新华社. 新起点 新愿景 新征程——王毅谈第二届"一带一路"国际合作高峰论坛成果［EB/OL］. http://www.xinhuanet.com/politics/2019-04/29/c_1124429961.htm.

2 齐志明. 开放大门，越开越大［N］. 人民日报，2017-10-24（6）.

（二）作为我国对外传播转向的方法指引与实践突破

"一带一路"倡议的提出引发全球关注，大多数沿线国家和民众都表示拥护和支持。但基于当前"西强我弱"的国际传播格局，对"一带一路"的质疑、误解甚至是负面评论始终伴随。[1]一直以来，我国政府和主要媒体都十分重视"一带一路"对外传播和舆论引导，但实践中从传播主体、传播渠道、传播内容到传播效果和反馈等方面都尚未形成体系化的应对策略，中国发展中的很多经验及特色都由于缺乏统筹性的叙事而无法得到合理表达和传播，中国的对外传播话语面临深层次的挑战。2013 年 12 月，习近平总书记在全国宣传思想工作会议上指出，要加强国家话语体系建设，增强国际话语权，"着力打造融通中外的新概念新范畴新表述，讲好中国故事，传播好中国声音"[2]。这表明，我国对外传播的范式转变已经成为一种国家战略，面对沿线众多国家在国家制度、意识形态和语言文化上的巨大差异，谁来言说、对谁言说、言说内容和渠道等方面都亟须新的方法指引与实践突破。

纵观当下，以国家为主导的战略传播能力高低集中反映了一个国家的综合实力。2010 年美国《国家安全战略报告》把"战略传播"列为国家八大实力之一，这一举动引起了全球传播学者的广泛关注。战略传播的实质是"某一特定时期针对某一特殊群体的对外宣传，是国家主导国际宣传思路和实践的回归"[3]。作为战略传播的发源地，美国一直大力推进战略传播体系建设，公共外交、公共事务、国际广播和信息 / 心理运作相互合作，总统通过国家安全委员会直接领导庞大的跨部门协作体系，形成战略传播的目标和实施路径的总体配合。此外，英国、澳大利亚等国也十分重视战略传播，英国的国际广播公司BBC 直接由政府出资经营，使用 43 种语言向全球广播，宣称其报道"准确而

1　王璟璇，刘琦，潘玥 . "一带一路"对外传播话语体系建构初探［J］. 对外传播，2020（5）：47-49.

2　中国共产党新闻网 . 习近平：胸怀大局把握大势着眼大事 努力把宣传思想工作做得更好［EB/OL］. http://cpc.people.com.cn/n/2013/0821/c64094-22636876.html.

3　李沫 . 战略传播：国家利益争夺前沿的较量［N］. 中国国防报，2016-12-08.

中立"，但它实际上一直致力于隐性传播英国价值观；澳大利亚则组建了战略传播局和传播与媒体局两个部门并实现常态化运行，直接负责国家战略传播。

我国学者从 2011 年起开始系统研讨战略传播这一新型传播理念，"一带一路"倡议提出后更是被作为新的方法指引来辅助我国对外传播的转向。北京大学、浙江大学等高校纷纷成立国家战略传播研究院（中心），程曼丽[1]、吴飞[2]、毕研韬[3]等学者多次撰文指出"一带一路"传播应吸收"战略传播"之思路和方法，精心选择关键受众，打造立体多元的传播平台，科学制订传播路径，用差异化策略生产传播内容，以信息、计划、政策、项目、行动赢得沿线国家的理解、信任与支持。目前，我国对战略传播的研究多集中在以下几个方面：一是对国外（尤其是美国）战略传播理论的探讨和经验总结，研究成果多集中在国家安全和军事领域；二是聚焦战略传播与一般传播理论的比较，以及美国等国家战略传播的实践分析；三是关于战略传播与我国外宣工作、公共关系、政治传播、公共外交、边疆治理、国家形象塑造的相互关系等融合议题的研究。相比较而言，我国战略传播体系的顶层设计和战略规划不足，相关的研究也浅尝辄止，较少落到具体的实践层面，也缺乏对沿线国家底层逻辑的深度探究。

从过去九年的倡议推广和传播实践看，"一带一路"途经多个民族地区，其中不少还是跨国民族聚集区，这些地区大都是"一带一路"的重要门户和关键节点，能否理解并抓住这些地区的关键受众，对其进行有效的新闻传播，直接关系到民族地区的工作成效和"一带一路"推广的战略大局。2015 年和 2020 年，习近平总书记先后两次考察云南并发表重要讲话，明确提出加快建设"面向南亚东南亚辐射中心"的战略规划，同时希望在云南建立"民族团结示范中心"。我国傣族正好兼具以上双中心的文化身份，跨国民族是促进我国

1　程曼丽. 探索民间外交新模式——北大国家战略传播研究院在巴基斯坦的实践 [J]. 国际传播，2016（1）：82-86.

2　吴飞，边晗，毕研韬. 美国国际传播战略的几个关节点 [J]. 新闻界，2013（8）：26-33.

3　毕研韬，林信焰. 战略传播视角下的"一带一路" [J]. 公共外交季刊，2016（1）：73-79+126-127.

与周边国家缔结友好关系、建立多个双边与多边地方合作机制的重要桥梁。作为中国云南与东南亚国家的最大族群，傣泰民族因其相同的族源历史和相邻的地理位置，无论在经贸层面还是文化教育层面，均为我国"一带一路"倡议在该地区的深入实施提供了先决性优势条件，成为我国战略传播实践和路径提升的重要突破点。

第三节　跨国傣泰民族战略传播的核心概念与研究设计

"国"与"民族"这两个概念无论是对处理当今国家之间的政治、经济、文化交往，还是对国内、国际不同群体之间的认同与差异研究都具有极其重要的意义。跨国民族，顾名思义，是指跨国而居的同一民族。然而，从学术的脉络来看，跨国民族概念的出现是对西方"民族国家"（即"一族一国"）理论困境的现实突破。民族国家边界划定后，有一部分特殊的族群被政治疆界所分割，同一民族分属两个或两个以上的国家，他们同时面临相同的民族认同和不同的国家认同。在很长一段时间内，由于身份敏感，不同国家在谈论跨国民族与周边国家共同的民族渊源关系时，都有着不同的禁忌和各自的话语体系。霍布斯鲍姆指出："民族认同及其所代表的含义是一种与时俱进的现象，会随着历史进展而嬗变。"[1] 随着中华民族共同体意识的不断筑牢和中国与邻国关系的不断改善，重新审视居住在国境两侧但具有相同民族渊源、语言和宗教信仰等的跨国民族，探寻其新的话语建构与表达，是当前构建中国特色话语体系的重要一环。

长期以来，我国对外传播的重心放在以欧美为代表的西方国家，对周边有文化同源和地缘政治意义的国家的重视相对不足。"一带一路"倡议从周边国

1　［英］埃里克·霍布斯鲍姆. 民族与民族主义［M］. 李金梅，译. 上海：上海人民出版社，2000.

家先行先试，首要合作伙伴和首要受益对象都是周边国家，着力构建周边命运共同体，这亟须我国对外传播话语体系的转变与重建。一个范式更替时代的到来，意味着我们熟悉的很多观念、思路和话语都将被逐渐淘汰，一套全面具体的国家战略传播机制正在充分酝酿。但与美国等战略传播理念的输出国相比，我国战略传播建设还处于起步阶段，尚未形成一个体系化的从传播战略目标、核心传播理念到具体运作实施的组织系统。2013 年 10 月，习近平总书记在周边外交工作座谈会上强调，"思考周边问题、开展周边外交要有立体、多元、跨越时空的视角"[1]。从历史的时间维度和疆域的空间维度探寻，跨国民族与我国战略传播体系建设成为不同学科研究的交汇点，既备受关注，又充满挑战。

本文以跨国民族为研究对象，在"一带一路"倡议和周边命运共同体建设的时代背景下，探讨这一同时具备国家认同和民族认同的特殊群体如何促进我国战略传播的路径提升，并区别于以美式价值观输出和保持美国"领导地位"为目标的美国战略传播体系，成为我国"亲、诚、惠、容"周边外交理念传播的重要抓手。本研究选取傣泰民族为研究对象，原因有三：

其一，傣泰民族是广泛分布于我国云南与东南亚区域的最大族群，他们是中国的少数民族，但却是泰国、老挝的主体民族，缅甸和越南的第二大民族，以及柬埔寨和印度的少数民族。以这一族群为主的澜沧江—湄公河地区是"一带一路"陆海连接交汇点，区域内澜湄国家命运共同体亦是首个得到相关国家正式认可且已进入建设议程的命运共同体，对于中国周边外交具有重要的战略意义。

其二，以傣泰民族为主体的澜湄区域，一直是西方亚太战略的支点，是中西方大国博弈的"角力场"[2]，历史上曾出现过"泛泰族主义"这类威胁中国边疆安全的极端民族主义。但自 20 世纪 90 年代以来，中国与周边各国关系持续

1　中央政府门户网站. 习近平：让命运共同体意识在周边国家落地生根［EB/OL］. http：//www.
gov.cn/ldhd/2013－10/25/content_2515764.htm.

2　［美］班杰明·扎瓦基. 泰国：美国与中国间的角力场，在夹缝中求存的东南亚王国［M］. 杨岑雯，译. 台北：马可波罗文化，2019.

向好，"西双版纳正逐渐成为傣泰民族寻根的地方"[1]，中国傣族在面向东南亚的传播中具有独特的资源优势和现实基础，成为我国与周边各国经济、政治、文化和宗教等交流与沟通的重要纽带。

其三，笔者生长于我国边境傣族地区，又长期在沿海和内陆地区学习和工作，对傣族文化的感性体验和理论探寻中始终存在某种内在的冲突与张力。十年前，笔者完成了我国傣族新闻传播研究的基础梳理，并以此获得硕士学位；而后继续在这一领域耕耘，但受传统边疆思维和话语叙事的影响，相关研究迟迟未有突破。"一带一路"伟大倡议的提出，促使笔者开始思考我国傣族与周边国家同源民族的亲缘身份，及是否能以此推动与实现民心相通。从傣族研究到傣泰民族研究，笔者具有一定的语言、文化和身份优势，本研究不仅是对既往研究的延续，更是在新话语体系构建中的一次大胆尝试与突破。

一、核心概念阐释

（一）跨国民族

如何定义跨国界而居的同一文化群体，阐述他们与周边国家共同的民族渊源关系，在一定时期内我国学术界都还是有禁忌的。20世纪80年代，随着沿海沿边地区的相继开放，中国"边疆"的概念得到进一步阐释，边疆的特征变得更为全面、系统、客观，这一特殊的民族文化群体开始进入当代研究者的视野。追根溯源，最早出现的表述是"跨国界民族"[2]（1981），由广西民族大学范宏贵教授提出，而后改称"跨境民族"[3]（1984），此后中央民族大学的陈永龄教授提出"跨界民族"[4]（1986），兰州大学马曼丽教授建议称为"跨国民族"[5]（1995）。葛公尚认为称谓的不同反映了学界对这一特殊族体的科学概念尚

---

1 刀正明. 傣民族寻根的地方［J］. 版纳，2008（2）.

2 范宏贵. 日益严重的越南民族问题［C］. 世界民族研究学术讨论会论文集，1982.

3 范宏贵. 中越两国跨境民族［J］. 西南民族历史研究集刊，1984（5）.

4 周建新. 跨国民族研究：中国的话语建构与表达［J］. 世界民族，2020（5）.

5 马曼丽. 论跨国民族的特征及发展趋势［J］. 西北史地，1995（2）：12-16+11.

未完全厘清，还存在着不尽相同的理解[1]，由此也会引发不同的"理论导向"和"问题导向"。

从较早使用的"跨境民族"和"跨界民族"来看，"跨境民族"是指分布于现代主权国家边境地区的族群，因迁徙而跨国或跨海洋而居，地理上可能连成一片或并不连成一片；"跨界民族"是历史上形成的同一民族，"跨界"之"界"指的是国家疆界，民族分布在两个或者多个现代国家。按照胡起望的总结，"跨界民族"的突出特点是国家边界一线的地理区域连成一片，而"跨境民族"则不一定连成一片，虽都指同一民族，但跨境民族包含跨界民族。[2]随着研究的深入，周建新等认为，"跨境"和"跨界"的用词是在边疆中心视角下的概念界定，在空间上聚焦于边境和边界两侧，忽略了全球国家体系范围内远距离跨边境（界）的同一文化群体，同时容易让人望文生义，内隐淡化了国家概念。[3]因此，越来越多的学者倾向于使用"跨国民族"的概念。

以上三个概念都是我国学者的原创，在以往的文献中有交叉和混用的情况，不同的学者在用词选择上有不同的理解和偏好，一直未能达成广泛共识。为此，笔者对比了相关的英文文献发现了若干相同或相近的词汇，如澳大利亚国立大学学者吉亨·维吉耶沃顿在《东南亚大陆的跨国家民族》中使用"ethnic groups across national boundaries"[4]，美国耶鲁大学学者道格拉斯·伍德维尔在《不受欢迎的邻居：共享族群与冷战期间的国际冲突》中使用"trans-border ethnic groups"和"trans-border ethnicity"两个词来表述其研究对象[5]。深入来看，此类西方研究重点强调边界（border），以国家间实体边界作为节点，

1　葛公尚．试析跨界民族的相关理论问题［J］．民族研究，1999（6）：1-5+107.

2　胡起望．跨境民族探讨［J］．中南民族学院学报（哲学社会科学版），1994（4）：49-53.

3　周建新，杨啸．中国跨国民族研究的脉络与趋势［J］．湖北民族学院学报（哲学社会科学版），2019，37（6）：1-9+167.

4　WIJEYEWARDENE G. Ethnic groups across national boundaries in mainland Southeast Asia［J］. Asian Journal of Social Science，1991，19（1）．

5　WOODWELL D. Unwelcome neighbor: shared ethnicity and international conflict during the cold war［J］. International Studies Quarterly，2004（48）．

更多是从一种对抗和冲突的视角切入，认为跨界地区（cross-border regions）已经成为边界内外所追求的战略目标，需要进行战略干预。

以上这些也再次提示研究者"跨境"和"跨界"这两个概念的敏感性。中国学者马戎在最新考察中国边境省份发展跨境贸易、推动"一带一路"建设的文化资源时，特别提出中国是人口众多、国力强盛的大国，"跨境民族"的提法容易引起周边国家的警惕，容易引发不必要的政治疑虑和外交纠纷。[1]他建议少用或弃用这一提法，呼吁一种更能体现主权国家话语的表述。通过以上的分析和考证，本研究使用"跨国民族"这一核心概念来指代与周边国家民族同根同源、语言文化宗教相通的特殊民族群体。一方面，"跨国"的"国"字凸显了国家和主权的象征，避免了"境"和"界"可能引发的边境和边界的歧义与冲突，且和国际通用的"跨国组织""跨国公司""跨国婚姻"等相吻合，便于传播对象国接受；另一方面，本文研究的对象傣泰民族主要分布于中国、泰国、老挝和缅甸等国，其中泰国并不直接与中国接壤，中间相隔着老挝和缅甸，中国的傣族和泰国的泰族、老挝的老族以及缅甸的掸族等同源民族被称为"跨国民族"会具有更准确的定位和丰富的内涵，更加便于国家战略传播的开展。

（二）傣泰民族

本研究的第二个核心概念是傣泰民族，在此有必要对"傣泰民族"所涉及的区域、国家和人口范围等进行一个具体的界定，进而才能更好地论述如何借由傣泰跨国民族推动我国在这一区域内的战略传播和路径提升。总体而言，傣泰民族是世界上人口较多的民族之一，跨中国、泰国、老挝、缅甸、越南、柬埔寨和印度七国而居，国际学术界通称的"傣泰民族"广泛分布于中国云南至中南半岛和印度阿萨姆邦这一弧形地带。为了方便外界的理解，当前各国主流的看法是：Thai 仅指泰国的泰族，Tai 泛指泰国以外的傣泰族群，Dai 则是中

---

1 马戎.历史演进中的中国民族话语［M］.北京：社会科学文献出版社，2019.

国傣族。保守估计，这一民族总人口接近 7 千万[1]，具体包括：

（1）中国傣族。主要居住在云南西双版纳傣族自治州和德宏傣族景颇族自治州，此外耿马、孟连、景谷、金平、新平、元江、双江、元阳、弥勒、马关、江城、镇沅、澜沧等地也有傣族散居。根据第六次全国人口普查结果，中国傣族人口约 126 万。

（2）泰国泰族。泰国总人口 6000 多万，泰族为泰国的主体民族，占人口总数的 75%，因"暹罗"改名"泰国"之后，泰国公民都被统一称为"泰人"，均受泰族文化的影响和熏陶。

（3）老挝的傣泰族群。老挝的主体民族被称为"老龙族"，人口 640 万，占全国总人口的 85%，"老龙族"里又可分"佬族"和"泰族"两大群，二者同根同源，文化差异非常小，仅是因居住地区不同而划分。

（4）缅甸傣泰族群。缅甸的傣族，官方称为掸族（Shan），是缅甸第二大民族（缅甸第一大民族是缅族，但因缅族没有占据绝对的主体，掸族等民族的影响力较大，《彬龙协议》签署后缅甸联邦的第一任总统苏瑞泰即掸族人）。保守估计，掸族人口约 600 万（缅甸没有官方统一数据，掸族人一直诟病总人口数被严重低估），并成立了缅甸面积最大和高度自治的"掸邦"。缅甸掸族习惯自称为"傣"，只有与泰国接壤地区的少部分人自称为"泰"。

（5）越南傣泰族群。越南的泰族人口约 133 万，是境内第二大民族（越南的主体民族为京族），广泛分布于越南境内。

（6）柬埔寨傣泰族群。主要分布于柬埔寨西北部，大部分是从泰国、老挝、缅甸迁徙而来，与主体民族高棉族有很多相似的习性，融合较好，人口在 60 万左右。

（7）印度傣泰族群。在印度，"阿萨姆"是傣族的"别称"，但因受英国殖民和各部族通婚的影响，傣族在当地的社会地位不断下降，只剩下不到 60 万人口，并大都接受了印度教。

1　郑晓云. 全球化背景下的中国及东南亚傣泰民族文化［M］. 北京：民族出版社，2008.

以上是傣泰民族及其文化区域的总体状况。由于历史演进和各主权国家的建立，傣泰民族在不同地方的发展呈现出不同的趋势：在泰国和老挝，成为主体民族；在缅甸和越南，成为第二大民族；而在部分地区，如中国、柬埔寨和印度，则属于少数民族。傣泰文化异彩纷呈，傣泰民族也在一个跨国的大范围内形成了一个跨文化族群，体现出同源异流、各具特色的显著特征。

中国、泰国、老挝、缅甸是傣泰民族的核心区域，笔者的调查也是基于这四个国家展开，越南和柬埔寨的部分更多是基于文献进行研究，印度的阿萨姆因为涉及范围较小且异流较为明显，故不在本文的研究范围内。当前，中老、中缅命运共同体已在两国最高层面签署共建，澜沧江—湄公河合作机制在中国—东盟"10+1"框架下探讨建立，致力于结成更加紧密的"澜湄六国命运共同体"，"澜湄六国命运共同体"是目前第一个也是唯一一个为相关国家所承认的命运共同体。[1]打开地图不难发现，澜沧江—湄公河流经的中国、缅甸、老挝、泰国、柬埔寨、越南（简称"澜湄六国"）与傣泰民族的核心区域高度重合。这一特殊的地缘优势，以及独特的历史人文背景，赋予了中国傣族在对东南亚的跨境传播中独具的优势和现实基础。然而，关于傣泰民族的历史文化、民族关系等问题学术界有着百年的争议[2]，背后隐藏着从殖民话语到当前中西大国间的话语权争夺，但厘清这一问题有助于我国构建和平的周边社会环境，也能更好地勾连跨国民族与战略传播的关系，从根本上助推"一带一路"倡议在东南亚国家的有效推广。

二、研究框架设计

通过梳理和对比战略传播在中美两国的发展与运用，笔者发现，与起步早、覆盖范围广、涉及领域丰富，由总统和美国国家安全委员会主导，美国国

1　卢光盛，别梦婕.澜湄国家命运共同体：理想与现实之间［J］.当代世界，2018（1）：42-45.

2　周娅.傣泰民族研究的若干核心议题及价值发凡——郑晓云《傣泰民族研究文集》述评［J］.湖北大学学报（哲学社会科学版），2020，47（2）：165-166.

务院、国防部、广播理事会和情报机构等多部门联合规划协调的美国战略传播相比，中国的战略传播发展起步较晚，多由学界倡导，零星运用于对外宣传、公共外交、边疆治理和国家形象塑造等方面，强有力的顶层设计还不足，也并未涉及具体区域的传播运用。但与美国强势的文化输出不同，中国"多元一体"的文化融合与兼收并蓄的文化传统使得我国具有对外传播的天然文化优势，其中，具有强烈的中华民族国家认同感并与周边国家民族同根同源、语言文化宗教等相通的跨国民族是我国实行周边战略传播时不可多得的重要载体。然而，跨国民族的战略价值一直是把"双刃剑"，以本文的研究样本"傣泰民族"为例，由于其本身是中国云南与东南亚国家的最大族群，且东南亚国家一直是美国的战略重点区域，因此作为战略传播行动主要路径的传播主体及其话语建构、传播媒介及其议题设置和传播受众及其精准突破等都伴随着中西方大国博弈与其自身曲折的认同、协商与对话。我国境内傣族对于中华民族的归属感及与周边国家同源民族共同的历史记忆和民族情感因素，可促进我国与这一区域不同国家的共融共通，进而构建周边命运共同体，这是我国在区域内战略传播的落脚点。基于此，本研究的框架分为五个部分：

（1）跨国民族与战略传播的逻辑连接。这一部分将系统梳理战略传播的源起和发展、基本框架与主要路径，通过我国借助跨国民族对外传播的历史溯源，总结傣泰民族在我国战略传播构建中的价值呈现。

（2）谁在言说：传播主体话语建构与国际话语变迁中的傣泰民族。这一部分将探讨傣泰民族何以在国际话语中呈现出"泛泰族主义"和"傣泰文化圈"两种不同的立场，以及新中国成立后当代中国傣族的身份建构，通过"泼水节"称谓的话语流变分析，总结战略传播视域下我国国际话语叙事的不足。

（3）言说渠道：中西方媒体在傣泰民族区域内的战略布局与议题设置。这一部分基于大量的一手调研资料，对比中西方国家媒体在傣泰民族区域的传播战略与布局和我国基于同源民族语言的地方媒体的对外传播，通过"泼水节"报道的舆情对比，总结战略传播视域下我国亟须重视对外报道中的涉民族因素。

（4）向谁言说：傣泰民族共享的文化符码与关键受众突破。这一部分在实地多点调查的基础上，总结当前傣泰民族共享的社会文化基础以及跨国交往传播类型，通过对"泼水节"仪式中流动边民的考察，探讨战略传播视域下如何形塑不同国家傣泰民族共同认可的新身份想象。

（5）跨国民族助推我国战略传播的关键思路与路径提升策略。总结前四部分的论述，跨国民族助推我国战略传播的关键思路指向了周边命运共同体构建。这一部分将从多元传播主体、全媒体传播格局和傣泰民族关键受众突破三个方面提出我国战略传播路径提升的具体策略。

这里需要作一个简要的说明，总体框架的第二、三、四部分都选取了"泼水节"个案进行分析，主要有两方面的考量：其一，"泼水节"是傣泰民族的新年，这一个案背后承载的内容几乎可以囊括傣泰民族社会的方方面面。其二，从战略传播的关键路径出发，第二部分考察"泼水节"称谓的话语流变对应传播主体话语叙事，分析我国国际话语叙事的不足；第三部分考察"泼水节"报道的舆情，分析中西方传播渠道布局以及我国涉民族报道议题设置的不足；第四部分考察"泼水节"仪式中的流动边民，精准定位战略传播中的关键受众，指向新形势下亟须引导的傣泰民族新身份想象与认知。基于一个具体的个案，从不同的时间与空间维度出发，环环相扣，力图全面立体地呈现傣泰民族的总体面貌。

三、研究思路与方法

（一）研究思路

（1）通过梳理相关理论、学术文献和媒体报道，总结战略传播的基本框架与主要路径，探讨傣泰民族在我国战略传播中的价值呈现，历时性地考察不同国家话语中傣泰民族及相关媒介议题设置。

（2）根据行政区划、地理分布以及点面兼顾等综合考虑，分别对我国云南境内的傣族、泰国的主体民族泰族、缅甸掸邦北部的掸族和老挝东北部的老龙族聚集地进行实证调研。

（3）在上述"描述——分析——解释"的基础上，回应跨国民族与我国战略传播路径提升的具体策略，推动周边命运共同体构建。

（二）研究方法

（1）文献研究。一方面通过文献考察美国战略传播的经验与不足，以及我国战略传播东方智慧的核心要义；另一方面探析不同国家话语中的傣泰民族以及其背后的国家立场，进而总结新时代我国在区域内的多元主体传播与新话语策略。

（2）多点调查。结合研究者为中国傣族的身份优势，深入傣泰民族区域进行多点调查，通过参与观察、深度访谈、焦点访谈等田野方法，获取傣泰民族区域战略传播的一手资料和多方反馈。

（3）内容分析。大众传播媒介的文本内容综合反映了不同国家的国际传播影响力。通过对我国中央和地方媒体有关"泼水节"称谓的选择变化和四国国际广播中有关"泼水节"报道样本的批判式分析，探究我国国际话语涉民族报道的优势与不足。

（4）个案分析。总结多点调查的资料，通过对发生在区域内的典型个案进行分析，探讨当前傣泰民族区域内跨国互动的传播类型，试图勾勒全球化与数字流散语境下跨国民族传播的新图景与新身份想象。

（5）对比研究。从不同国家对傣泰民族的话语叙事到不同国家在区域内的媒体战略布局与议题设置等，本研究均采用对比研究的方式以丰富对傣泰民族的总体认知，进而更好地针对这一关键受众提出我国战略传播的路径提升策略。

这里需要指出的是，傣泰民族喜临水而居，多居住在河谷平坝地区，自然物产丰富，不好争抢，传统中没有姓氏和传承的概念，无强烈的历史感，低政治欲望，全民信仰南传佛教，乐善好施，不重积累与财产。这样的自然和文化基础造就了傣泰民族的族性。他们不善自我历史的书写，除了经文的书面记载，传统的传承全靠"口耳相传"。时至今日，境内外的每个寨里都还存在"章哈"[1]（也称"赞哈"）这一非遗文化传承人，却很难找到本族人对自己历史的书写文本。这也造成研究者在探究这一民族的族源身份、话语建构等问题时，更多只能依赖"他者"的视角，这也是本文采用对比研究的主要原因。

（三）调查地点与调查经历

在个体经验里，笔者听傣族老人讲过这样一个故事：大约在 13 世纪，勐泐（今西双版纳）的召片领（君王）将公主嫁给了清盛（今泰国北部）的首领，公主生了一个王子叫孟莱，孟莱即位后统一了泰族各部落，建立了兰纳王国，后迁都清迈。为了巩固北至景洪（泐人的首都）、东至琅勃拉邦（佬族人的中心）、西至景栋（掸族人的中心）的统治，孟莱王娶了各部落共计八百个女子，所以这个区域曾经也被称为"八百媳妇国"。孟莱王娶了八百个女子固然是一个有趣的传说，但在此次调研中，笔者翻阅了一些古籍，发现在《招捕总录》《明史》等书里都有对"八百媳妇国"的介绍，可见无论起源如何，这一区域的人们在历史上就已结成一个紧密的族群共同体。英国东南亚史专家丹尼尔·霍尔在他的《东南亚史》一书中，将孟莱王娶八百个女子称为"湄公河上游的景洪和清盛的泰族头人结成了婚姻联盟"[2]。美国学者瓦亚德综合泰文史料，在《泰国简史》一书中对这一过程有详尽的论述，指出八百个女子是泛指，孟莱王的确通过联姻的方式让文化与族群本来就比较相似的这一区域变得更加紧密。当然，此后的将近八个世纪中，这一区域更是经历了太多的分分合合，尤其是 20 世纪以降的民族国家话语叙事与民族身份建构的背景下，要了解这一场域里真实的传播现状，就不能仅仅停留在基本的文献与媒体报道分析

1　章哈又称"赞哈"，是傣泰民族类似歌手演唱的一种曲艺唱曲形式，通过传唱的方式，把传统的民族文化和文学艺术进行传播与传承，因此章哈不仅是一种文化传播方式，章哈歌手更是傣泰民族内的最为重要的文化记录者与传播者。

2　［英］D.G.E.霍尔．东南亚史［M］．中山大学东南亚历史研究所，译．北京：商务印书馆，1982.

中，更需要深入实际，跨越不同国家进行多点调查。

多点调查是在全球化与媒介化背景下通过超越单一地点的研究来探析文化意义、事物、身份等在不同时间空间里的循环流动的方式。基于傣泰民族区域跨国家地理边界的存在，研究者需要把地理流动、跨文化（跨国家边界）接触、变动的身份作为经验事实的组成部分，通过流动的田野调查，追踪多个地点或场景的活动来分析同一民族文化在不同国家场域间的呈现与建构。这个过程需要超越单一地点研究里"地方"对"全球"、"民族"对"国家"的二分法，站在全球流动与媒介共享的时空里探讨中国建设"周边命运共同体"的战略传播取向。因此，本研究从中国境内流动性最小的傣族乡村出发，途经傣泰民族民间交往最频繁的泰、老、缅交界地，再回到中国傣族自治的行政区域，最后探寻泰国泰族聚居的中心腹地，来回往返、四点交叉探寻本研究的核心问题，并以此反思跨国民族身份建构背后所承载的政治、经济与文化动因，进而有针对性地提出跨国民族助推我国战略传播路径提升的策略。笔者在这里对本研究调查点的情况、地理环境、经济与社会变迁和宗教信仰体系以及在不同国家行政体系中所处的位置进行简要介绍，以便后续进行综合分析。

1. 中国傣族乡村：西双版纳傣族自治州勐海县曼腊村

曼腊村位于我国云南省西双版纳傣族自治州勐海县勐海镇，截至 2019 年 6 月，全村共有 103 户 562 人，99% 的村民都是傣族，全村信仰南传佛教，推崇族内通婚，是典型的传统傣族村落，世代保持着傣族的传统文化。曼腊气候温和，湿润多雨，粮食能自给自足，村民主要靠种植茶叶和甘蔗为生，学龄儿童需到七千米以外的勐海镇接受汉文教育，很少有人外出务工，外来人口均为近五年来入村办厂的普洱茶商。曼腊村是我国境内非常有代表性的对内封闭、对外开放且傣族文化保存较为完整的自然村落。

2018 年 7—8 月，笔者在曼腊村进行了 20 天的田野调查，此次调查得到云南大学第十届（2018）暑期学校"澜沧江—湄公河流域的生态、文化与发展"田野调查经费资助，团队成员共计 10 人，完成了对曼腊村政治、经济、文化、宗教、生态等方面情况的系统梳理，全面系统地了解了我国传统傣族村落的社会运行机制，为后续调研打下了坚实的基础。

2. 泰族传统村落：泰、老、缅交界的"金三角"地区

严格来讲，"金三角"并不是一个学术上的区域地理概念，而是外界对位于泰国、缅甸和老挝三国边境地区的一个三角形地带的习惯性称谓，范围大致包括缅甸北部的掸邦、克钦邦，泰国的清莱府、清迈府北部及老挝的琅南塔省、丰沙里、乌多姆塞省及琅勃拉邦省西部。这一地区因长期盛产鸦片等毒品为外界所知，但今天绝大部分的罂粟种植等已被替代，并以泰国政府为主导开始发展旅游业。而在历史上，这一区域以民族多样和王国更替频繁著称，但长期占统治地位的是以傣泰民族为主体建立的"八百媳妇国""兰纳王国"和"素可泰王国"，因此这一区域的绝大部分地区都保留着傣泰先民的遗迹。由于生产技术水平长期相对较低，农业耕作和手工生产依然是这一区域的支柱产业，传统文化保留得较为完整，因为相同的衣食住行和语言宗教文化，身处其间的笔者经常会有一种置身中国傣族地区的错觉。

2019 年 1—2 月，笔者对这一区域进行了 21 天的田野调查，由于受签证的限制，笔者以泰国清迈府芳县万养村为核心点，分别赴泰国清迈、清莱、清盛三地，并两次当天往返了缅甸大其力和老挝波乔省金三角经济特区。与上述曼腊村的类民族志"深描"不同，此次调研更多地以对当地大学（清迈大学）教师、新闻记者、南传佛教僧侣和傣泰民族学生及其家庭的访谈为主，同时通过当地博物馆、民俗馆、图书馆的馆藏资料完善调研素材。

3. 中国傣族城市：西双版纳傣族自治州景洪市

景洪市位于云南省最南端，是我国西双版纳傣族自治州的地级行政区首府，与缅甸接壤。澜沧江纵贯全境，拥有两个国家一类开放口岸，分别是景洪港水运口岸和西双版纳国际机场航空口岸，有水运、空运多条航线和 60 余条边境通道、9 条公路通往泰国、老挝、缅甸（公路出关要通过两个陆路口岸，分别属于西双版纳州下属的勐腊县和勐海县）。预计到 2023 年，贯穿中国与东南亚全境的泛亚铁路将全线开通，景洪市是这一区域进入中国的第一座城市，是中国东盟自由贸易区、澜沧江—湄公河区域合作的前沿、纽带和桥梁。

2019 年 4 月，笔者在傣泰民族的新年——"泼水节"期间，对景洪及其周围地区进行了 20 天的深度调查，感受了村—乡—市三级联过"泼水节"和"一带一路"国家倡议中澜湄六国共庆傣历新年的盛况。在此期间，笔者与州市两级政府政策研究室、民宗局、《西双版纳报》（汉文版、傣文版）、西双版纳广播电视台（汉语版、傣语版）、西双版纳傣学会、西双版纳民族博物馆、西双版纳总佛寺等相关部门的主要负责人进行了深度访谈，获取了大量的一手资料。

4. 泰人中心：泰国首都曼谷

曼谷是东南亚第二大城市，泰国的首都，常年举办各类国际活动，以开放、包容和文化多元为人所知，是国际著名旅游城市。发展至今，曼谷的标准泰语已经与中国傣族的语言有较大差异，传统傣泰民族的习俗在国际化的氛围中加入了更多现代化的元素，作为国家宗教的南传上座部佛教影响力巨大，曼谷亦被称为"佛教之都"，每年都以开放的姿态迎接区域内的佛教徒前来朝圣。

2019 年 11—12 月，笔者在曼谷进行了 21 天的资料系统收集。在曼谷，笔者的研究主要采取对比研究的方式：一是通过在朱拉隆功大学、博仁大学新闻传播系、历史系、泰语系的资料收集，与泰国国家博物馆、暹罗博物馆、泰国全国记者协会的相关人员座谈等方式，了解泰国国家历史和族群历史建构的书写与对外传播现状；二是通过与人民日报社亚太中心分社、中央广播电视总台亚太总站的负责人和云南广播电视台驻泰记者的深度访谈，了解中国国家级媒体和云南地方媒体在这一区域的传播重点与策略。

以上四个调查点，较为全面地覆盖了傣泰民族的核心区域，从传统到现代、从边缘到中心，四个调查点相互呼应，有对比亦有对话。通过从境内到境外、从境外到境内、再从境内到境外的循环调查路线，对文化同源但又处于不同国家的傣泰民族进行了共性和个性的分析，从而剖析傣泰民族区域的传播现状。此外，由于笔者长期从事傣族传播研究，曾在 2010—2012 年间多次拜访过中国傣族两位文化精英，他们分别是"西双版纳永远的老州长"召存信（访谈编号 A-01）和"傣族文化的活化石"艾诺（访谈编号 A-02），两位老先生均于 2015 年年初去世，那些与先生们交谈的瞬间，他们讲述的亲历历史和赠予笔者的宝贵资料成为本文重要的研究资料。

全球化与媒介化时代变动超乎过往，阿帕杜莱认为全球文化流散框架下地方性知识生产成为必然[1]。跨国民族在我国战略传播体系构建中的重要性不可忽视，如何更好地建设周边命运共同体需要落脚于关键受众的地方性语境，重新定位这一区域的多元传播主体与国家话语叙事，统筹兼顾形成"和平跨居"的新跨国交往互动。由于时间所限，本研究的多点调查前后一共进行了 3 个月，尚不能构成人类学意义上的"多点民族志"；此外，我国境内傣族聚居的德宏等地也同样因为时间不足和后期疫情防控等原因未能进行实地调研，但受益于媒介化的新媒体沟通方式，笔者与这些地方的关键受访者进行了多次网络深度访谈。这样将针对同一问题多点调查的对比研究方法运用于新闻传播学领域，或许是一种综合理解当前我国对内与对外传播复杂性语境的新的方式，可以多一个视角来分析跨越国家边界的同源民族间的地方性传播实践，进而丰富和完善我国的战略传播体系。

大国博弈愈演愈烈的当下，媒体与学界共同认识到了战略传播的重要性。在史安斌看来，传统外宣工作与当前国际形势并不相适应，因此有必要进行战略传播方向的转型。要积极贯彻落实习近平总书记此前"提高道义感召力"的要求，构建国家战略传播体制是进行"大国外宣"的必由之路。但就现实与研究现状而言，战略传播始终未被纳入国家层面的发展战略中，从国家到地方都尚未形成完整的战略传播目标、核心理念和组织运作模式；与战略传播有关的理论探索也主要集中于媒体传播方面，多为功利的对策性探讨，较少讨论军事、经济、文化、科技等各领域，也没有对"一带一路"沿线有共同族源关系的跨国民族进行系统和深入的研究。与美国等战略传播理念输出国相比，中国

1　［美］阿尔君·阿帕杜莱. 消散的现代性：全球化的文化维度［M］. 刘冉，译. 上海：上海三联书店，2012.

特色的战略传播体系缺乏创新，无论是理论还是实践方面都存在较大差距。

　　"一带一路"倡议的提出将跨国民族这一特殊的民族群体置于我国对外传播的前沿。从已有文献来看，跨国民族的政治参与、政治认同和该民族的文化与国际传播，是跨国民族本身及其所属国家一直关注的焦点，直接影响着跨国民族问题的产生和国家的安全与稳定，也关系着国家的对外传播方案和策略。有关跨国民族的研究，过往学者更多是从政治学（国际政治）和民族学的角度出发，关注民族的族源和国家认同与民族认同的关系等，鲜有从新闻传播的角度对这一特殊的历史文化现象进行解读的。本研究从国家战略高度出发，进行一次多学科融合研究的尝试，将跨国民族视为新时代我国对外传播的重要战略资源，进而探讨超越美国战略传播的中国新型战略传播道路。

　　从理论上看，本研究拓展了战略传播的外延，即跨国民族文化身份建构与认同理应成为我国战略传播的重要组成部分，进而丰富了我国战略传播体系、提升了具体的路径。同时，本研究基于国界内外不同叙事的对比研究范式，突破了以往只从一个维度探讨跨国民族与文化传播的研究路径，为后续的相关研究提供一些参考。从实践上看，傣泰民族区域与"一带一路"倡议中两条经济走廊（即孟中印缅经济走廊和中国—中南半岛经济走廊）的核心辐射区域高度重合，这使得中国傣族在对东南亚区域内的跨境传播中存在着天然的优势，在经济、政治、文化和宗教等交流中发挥着沟通我国与周边各国的重要作用。

　　"一带一路"倡议的最终目的是实现"人类命运共同体"，中国主张的"人类命运共同体"理论与过去的"共同体"理论不同，是超越国家领土等物质存在，具有无限前景的前沿理念，具有跨民族、跨文化的包容性、和谐性。在此大背景下，基于原有的历史文化基因，改变现有的叙事模式，设置相应传播议题，将傣泰跨国民族与我国战略传播路径提升相结合，助推"一带一路"倡议在区域内的有效传播并最终实现区域命运共同体构建，具有划时代的理论和实践意义。在时间轴上，回到民族文化的本身要义是理解文化身份认同的关键；在空间轴上，尊重跨国民族群体间的交往互动是大国公共外交中应有的姿态。因此，本文的研究将综合前文论及的三种民族与传播的理论研究路径，偏向第三种建构主义的范式，突破既有研究中狭义的民族、区域与边界的概念，以一种更加开放和积极的理念，来探讨民族与传播对话的新时代课题；并在此基础上，总结提炼跨国民族助推我国战略传播的关键思路和重要途径，为相关部门提供参考意见，促进媒介和谐与区域间的繁荣、稳定、进步。

2001 年，"战略传播"的概念由美国国防部首次正式提出；2010 年，美国《国家安全战略报告》将其列为国家八大实力之一，并在此后的实践中进行国家层面的体系化建设，即紧密围绕传播目标，找准关键受众，通过长期、持续的对外话语整合与国际形象塑造，影响受众观念和文化认识等，最终使美国的主流价值在世界范围内广泛传播。传播者话语、传播媒介与传播内容、关键受众这三方面，构成了美国战略传播建设的主要路径，也是值得其他国家研究和借鉴的具体途径。然而，在世界各国共谋发展、加强多边合作的当下，美国 "America First"（美国优先）的战略传播理念表现出了时代的局限性；与之相比，中国始终秉持共同发展的人类命运共同体理念，这与世界和平、发展的两大时代主题相适应，是符合世界各国人民利益的最大公约数。其中，中国傣族与东南亚主体民族具有共同的族缘属性，是新时代我国开展对外传播的重要战略资源。借由跨国民族促进沿线各国的政治经贸往来，实现"民心相通"，为"一带一路"固本强基，对当前我国的战略传播具有重要而深远的意义。

诗云：近水楼台先得月，向阳花木易为春。在亟待"讲好中国故事"的今天，跨国民族不仅是中国故事的受众，更是作为"讲好中国故事"的主体而存在。如何充分挖掘跨国民族战略资源优势，扬长避短，助推我国战略传播建设，需要统筹多方资源，形成国家战略规划。借鉴美国战略传播的三大关键路径，本文从前述的傣泰民族出发，梳理不同传播主体是如何塑造傣泰民族文化身份的，调研当前中西方新闻媒介在傣泰民族区域内的战略布局与议题设置，再深入作为关键受众的傣泰民族本身，提炼其共享的文化符码以及分布在不同国家的傣泰民族特征，并在此基础上提出跨国民族助推我国战略传播的关键思路与提升策略。

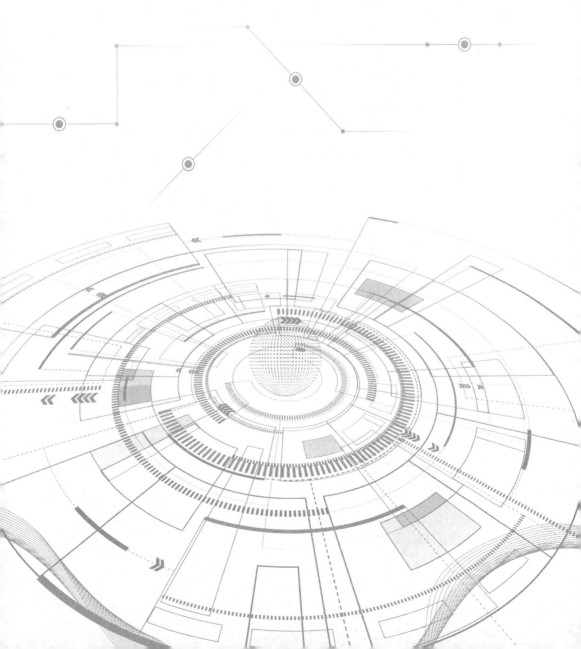

文化篇

第二章
越南华人华侨媒体使用、身份和文化认同研究

越南与中国山水相连、理念相通、文化相同、命运相关，目前，双方人民的交流、合作日益扩大，为两国加强互利合作打下坚固的基础。两国在经济、贸易、投资、科学研究、文化、教育、旅游等方面的合作都呈现积极发展的趋向。2017 年 11 月，双方签署"一带一路"合作协议。从 2004 年开始，中国已成为越南最大的贸易伙伴。如今，中国是越南最大的进口市场、第二大出口市场。在东盟范围内，越南是中国最大的贸易伙伴。对中国而言，越南是中国第八大贸易伙伴、第五大出口市场、第九大进口市场。每年赴越旅游的中国游客大约有五百万人次。目前大约有 1.1 万名越南留学生在中国学习，同时也有大约 2000 名中国学生在越南学习。

在疫情肆虐、全球化格局发生巨大变化的情况下，两国更需要在多方面加强合作，除了经济贸易方面需要促进共同发展外，文化交流也需要不断强化。文化交往是区域合作的基础，它既是发展目标又是促进经济社会发展的动力。提高国际文化交流与合作是中国国际发展战略的核心任务之一。

实际上，海外的中华文化传播活动对于提升中国政治影响和加深对外合作交流发挥着积极作用。境外的中华文化传播活动不仅加强了其他国家、地区对中国的了解，而且还是中国国家形象的有效传播渠道，有助于保留海外华侨华人的民族特色、增进对传统文化的认识，让生活在海外的华人华侨产生文化认同感。

越南华人既是中华民族定居国外的一部分成员，又是越南社会群体的重要构成部分。越南华侨华人因其身份的特殊性，成为中越两国交往的重要桥梁和纽带。曾经有不少关于越南华侨华人的研究，但是大多数只谈到历史、经济等方面，而对越南华侨华人在文化认同变迁方面的研究极少。有的把越南华侨华人看作东南亚华侨华人的一部分来进行研究，缺少针对越南华侨华人独特性的深入调查研究，针对当代越南华侨华人文化认同的研究更是稀缺。研究越南华侨华人的文化传承与文化认同状况对于了解海外华人当代生活的核心文化价值现状有重要意义，可以为中华文化海外保存与传播提供有效的参考数据。

与其他东南亚国家相比，越南具有相当特殊的历史，它为抵抗帝国主义的侵略而经历过多场卫国战争。由于这样特殊的历史和环境，和其他国家的华人相比，越南华人有着不一样的经历。随着历史的变迁，当初被称为"客人"的华人如今已落地生根，并且融入了越南社会，成为越南的公民。这漫长的过程也是越南华人在保留自己民族文化的同时吸收与融入当地文化的过程。在这个全球化的时代，研究越南华人的文化认同趋势有助于了解目前越南华人的现状，加深对越南华人的理解，从而更充分地发挥越南华侨华人的桥梁和纽带作用，促进中越关系的进一步发展。

本研究通过对不同年代的越南华侨华人进行问卷调查，了解当代越南华侨华人的文化传承以及媒介使用状况，并予以分析，探讨当代越南华侨华人的文化认同状况。本研究的意义在于：①对越南华侨华人群体做一个比较全面的民族文化以及中越媒介使用的调查，为更新越南华侨华人的资料贡献力量；②研究当代越南华侨华人的文化认同程度，以此预测越南华侨华人族群的发展趋势。

第一节　越南华人的文化变迁

一、越南华人的基本状况

（一）越南华人的称呼

越南华人，是指来自中国但早已生活在越南的人及其后代。在不同的历史阶段，越南华人有不同的名称。他们通常根据自认为值得骄傲的或者比较普遍、知名度高的朝代名字来自称，比如唐人、清人、北国人。另外，华人还根据自己的籍贯来自称，比如广东人、潮州人、客家人、海南人、福建人等。

另外，越南本地人对华人也有很多不同的称呼，比如吴人、三船人、客住人等。这些名称来源于越南本地人印象中华人群体的一些可识别的特征。比如，把华人叫作吴人是因为春秋时期有"吴国"与"越国"；叫作客住人是因为当时华人刚到越南，只被视为"客人"而不是当地人；再比如三船人的称呼，"三"是指当时阮王允许华人居住生活的三个地区（同奈、西贡、河仙），"船"是指华人当初来越南乘坐的交通工具。

（二）越南华人的人数和居住地

根据越南 1999 年的人口普查数据，越南的华人总数为 862 371 人，占越南人口总数的 1.13%。在越南的 54 个民族里，华人排名第四，其中约 50% 的华人居住在胡志明市的堤岸地区。他们集中生活在第 5 郡和第 11 郡的商业区，每个区的人口约占 45%；也有一些人住在第 6 郡、第 8 郡、第 10 郡。其余的华人生活在越南各省，其中大部分位于越南的西部省份，比如平顺和同奈。

根据越南 2009 年的人口普查数据，越南的华人总数为 823 071 人。因此，华人是越南自 1999 年至 2009 年十年内人口减少的仅有的两个族群之一。另一个是义族，它是在 20 世纪 70 年代被越南政府从华人族群当中分割出来的一个使用汉语的族群。

（三）越南华人的语言使用

大多数的越南华侨华人后代都已经能够流利地使用越南语，一部分是因为政府对于华人群体普及越文的政策，例如国有化由华人建立的各家私立学校和中心。这些教育中心是华人为了用汉语（有些是广东话、潮州话、福建话等）来教育华人孩子而成立的。这样做一方面可以把汉语传承给华人子孙，但另一方面又成了华人子孙在越南学习越南语的阻碍。

实际上，对于一个人来说，要生活在一个国家但又不太了解并掌握那个国家的语言，是一件非常困难的事情。因此，越南政府的政策是尽力在全国范围内统一学校教材，以越文为教学的主导语言，同时在华人的私立学校，汉语可作为优先选择学习的语言（跟英语并列）。就这样，越南华人华侨既可以学习并掌握越南语，又可以保证汉语的传承。华人华侨除了在这些汉语中心学习到汉语之外，还可以在家里或者在华人群体中学习自己的方言，比如广东话、潮州话等。

如今，华人华侨可以一边使用越南语与本地人沟通，一边使用汉语在华人群体里面交流。可以流利地使用越南语在老一辈的华人华侨里是一件很少见的事情。在 2020 年，一位华侨女孩越南语、汉语都流利，而她的爷爷奶奶基本用汉语来交流，越南语只会一些基本的日常沟通。这不是说越南政府有意"同化"华人华侨，而是帮助华人群体学习本地语言（越南语），让他们语言沟通可以没有任何障碍，而顺利地融入社会，这是越南华人华侨应有的权利。而且学习和使用越南语并不会让年轻一代华人华侨丢掉汉语，他们仍然在家里和华人群体里使用汉语来沟通，可以更规范地在一家汉语中心报名登记学习汉语。越南语中百分之六十的词汇化用了汉语词汇（汉越词），因此使用越南语也增强了华人群体与越南本地人的亲切感和适应性。

二、华人融入越南民族群体

与北属阶段和古中代不一样，华人来到西贡市（现胡志明市）及一些南方省城比较晚。从 17 世纪开始，华人因受到满人推倒明朝成立清朝事件影响而移居。北属时期，华人来到越南开拓疆域。当时，华人逃亡到越南南方（其中有西贡），寻找安居的地方，有以下两种情况。

第一种是"亡臣"模式。明朝人因承受不了清朝的统治与压制而离开自己的家乡来到越南，那些人就是明朝的"亡臣"，如陈上川（原籍广东省，三州总兵）和杨彦迪（原籍广西，反清复明的农民军首领），二人带领三千兵士、家臣和五十艘战船来投靠南方的阮王。陈上川居住在盘麟（边和省）、东街（嘉定省），杨彦迪居住在美荻省和邻近省城。他们来到南方与越南人和高棉人（已定居）建立城市、村庄，其中有嘉定省西贡市。1698 年，阮友镜根据阮王命令来到镇边和偏镇两地实施统治越南华人政策。他让华人在偏镇立明乡社，在镇边立清河社，并且给这里的华人记名立户籍，让他们跟越南人有同样的权利和义务，从而成为越南人。一百多年后，清河华人开始与明乡华人共同生活，建立西贡。

第二种是"莫玖"模式。因对清朝的统治政策不满，莫玖离开家乡到荒无人烟的地方居住。与"亡臣"陈上川、杨彦迪对阮王俯首称臣不同，莫玖创建了属于自己的领地。在开发领地的过程中，他跟越南人交流，说越南语，娶越南妻子。1704 年，占婆人侵略莫玖的领地。1714 年，为了不让占婆人得逞同时保护自己的领地，莫玖请求加入大越领土，阮王答应了。从那之后，河仙、富国成为南方尽头。阮王阮福洞赐给莫玖河仙总镇一职，命令他接管此地，子孙后代可以继承他的职位。

从 18 世纪到 20 世纪，华人继续在各个南方省城生活，尤其是在西贡堤岸区。19 世纪末，越南成为法国属地，法国政府与清廷签订 1885 年和约协定和 1886 年商约之后，越南成为法国等西方国家的货物销售地点，成为东南亚最大的大米产区。越来越多的华人来到西贡，他们得到属地城府在小手工业及买卖大米行业里所给的优待政策。

以上是华人在过去的四个世纪里融入越南的方式。由于政治与经济等各种因素，融入的性质是"和平""自愿"。各代阮王视华人为越南人，赋予开放的经济、社会和文化政策。因此，南方的华人已成为一个拥有比较稳定的经济、文化、社会结构的特殊群体。到现在，华人群体已成为越南稳定的居民，他们对于胡志明市以及越南的经济社会发展起着重要的作用。

三、华人文化遗存和影响

从以上的历史背景看得出，华人文化在越南当地得到保存、发展并且融入了越南南方文化里。华人文化对越南的文化发展有着很大的贡献，在经济、政治、社会、信仰、艺术等方面都留下了较深的印记。

华人跟越南人、占婆人一样，不只改变了西贡堤岸地区和南方的市貌，而且改变了那里人民的精神和物质生活。

在堤岸地区，华人集中居住的地方，他们建造了一个在 1975 年前被外国媒体称为"唐人街"的热闹都市中心。堤岸市区有着便利的水陆交通连接各交易中心，从胡志明市中心连接到西南各省。街道、市场、商店、工厂人来人往，车水马龙。这是华人建设的功劳。

关于生产文化：华人把各传统行业的生产经营知识带入南方和西贡堤岸地区。才华横溢的手工业师傅在移居越南的同时，也带去了陶瓷、砖瓦、织布、皮革、造纸术、砚墨、印刷术等行业的技术。至今许多在胡志明市和南方的手工艺产品都带有明显的华越文化交融的特色。

华商也像手工业师傅那样，给南方和西贡堤岸带去了贸易行业的商业文化，不只推动了那里的生产，还传递着经商精神。与在越南居住的其他民族不同，华人群体是"非原住"民族，他们从中国南方移居到此。可能因为地理原因，比起其他邻近国家，华人较早移居到越南。根据越南的古书籍，他们在公元 3 世纪时已经迁入越南。他们聚集在有经商条件的地方，渐渐形成各区的"唐人街"。在越南，有四个由华人主导经营的商业中心：15 世纪的云屯都市、16 世纪的府宪都市、17 世纪的会安都市以及 18—19 世纪的西贡堤岸。从越南刚刚形成货物经济状态的 16—18 世纪，到经济开始发展壮大的 19—20 世纪初，华人一直跟随着越南的历史而变动。在任何时间段，华人都具有重要的经济地位和作用。从货物中介到厂商老板，华人成功表现出自己的贸易特色：运用亲戚关系，以相同的语言、文化来建立一个贸易系统。他们特别看中"信用"，也很会运用"信用"来抓住难得的商机。这些优点未来会继续发挥他们对于越南经济的促进作用。

关于群体文化：华人特别注重群体意识，格外强调家庭、宗族、同乡、同行的群体团结精神。感恩之心、侠义精神是华人群体特别珍重的品质。正因为这些文化价值和群体意识，华人在越南是一个特殊群体，既融入其他群体，又能保存自己特有的优点。

华人的艺术文化也相当丰富，有着特色鲜明的民歌民舞以及乐器，民歌有各种歌调，如广东歌、潮州歌，民舞有龙狮舞等。这些歌舞丰富了越南南方的文化生活，塑造了当地多样化的文化特质。

关于知识、学问文章：越南阮朝的第一位进士是一名华裔——潘清简。南方名人如郑怀德、黎光定等都是越南华裔。郑怀德不仅是"嘉定三家"之一，而且还是一位文学家，著有《嘉定城通志》。莫天赐模仿太学建立了河仙的学衙机构——招英阁，吸引了 25 名华人诗人和 5 名越南诗人，创作了 130 首诗歌，赞美河仙美景。除了表达对于"家乡"的自豪和赞美之外，招英阁的各位诗人还在诗词里体现了爱国精神。

关于美食文化：华人美食与本地的饮食文化有很大的交融。有人认为"牛肉粉"是 20 世纪初在河内生活的华人做出来的，这道美食启发了越南人做出闻名世界的"河粉"。但是经过专家调查研究，两种美食在口味和做法上都有差别。另外，华人也带着中华饮食文化来到了堤岸地区，中华美食在此地广为传播并且被默认为堤岸地区的特色饮食文化。中式的蒸、煎、炒、焗、炖等烹饪方式早已融入当地的饮食文化。华人和越南人的饮食理念也基本相同，注重食养结合，认为食材对身体的滋补作用应该被重视。

关于华文媒介使用情况：胡志明市的西贡解放报社有一个华文版的日报——《西贡解放日报》，每天出版，服务华人华侨群体。胡志明市人民广播电台有一个用广东话跟普通话来播报新闻的节目，还有一个定期播放华语歌曲的节目。电视节目方面，有永隆卫视的华语节目和越南国家电视台的《今日越南》栏目。

总而言之，华人很早就出现在越南社会里。华人文化对胡志明市甚至越南南部的经济社会发展有重大的影响。越南的华人华侨在慢慢融入本地生活的同时，也保留了自己的核心文化特色。

第二节　核心概念阐释

一、文化认同

（一）文化的涵义

关于"什么是文化"这个问题，不同学科、不同视角都有自己的理解，因而很难给文化下一个准确的定义。一般认为，文化是人类社会相对于经济、政治而言的精神活动及其产物，分为物质文化和非物质文化。庞朴先生认为："广义的文化包括人的一切生活方式和为满足这些方式所创造的一切事物，以及基于这些方式所形成的心理和行为。如果把文化整体视为立体的系统，文化结果包含三个层面：外层是物的部分，是未经任何人力作用的自然物，还有人类创造的'第二自然'或对象化了的劳动。中层是心物结合的部分，包括隐藏在外层物质里人的思想感情和意志，如机器的原理、雕像的意蕴之类；不曾或不需要体现为物质产品的人的精神产品，如科学猜想、数学构造、社会理论、宗教神话之类；人类精神产品之非物质形式的对象化，如教育制度、政治组织之类。核心层是心的部分，即文化心理状态，包括价值观念、思维方式、审美趣味、道德情操、宗教情绪、民族性格等等。文化的三个层面彼此相关，形成一个系统，构成了文化有机体。这个有机体有自己的一贯类型，有自己的主导潮流，并由此规定了自己的发展、选择、吸收、改造或排斥异质文化的要素。当两种异质文化在平等或不平等的条件下接触时，首先容易发现的是外在的物的层面，其次是理论、制度等中间层面，最后才能体味各自的核心层面，即心的层面。文化的物质层面是最活跃的因素，变动不居，交流方便；理论、制度层面是最权威的因素，规定着文化整体的性质；心理层面最为保守，是文化成为类型的灵魂。"[1]

（二）认同的涵义

Parsons 将认同视为一种过程，包括价值内化（Internalization）心理过程与社会化学习过程。Ran 把认同解释为接受一套价值模式，将一套价值内化到个人心中的学习过程。Bronfenbrenner 认为，认同的意义应包含行为、动机与过程。Bandura 认为，认同是一种心理过程，借由这个过程，个体坚定了他和另一个人（楷模）相似的知觉。"一般来说，认同就是指对共同或相同的东西进行确认。世界上许多事物之间，都存在着这样或那样共同或相同的东西，但对这种共同性进行相互确认，只有在人和人之间的关系中才可能做得到。这意味着，认同总是存在于关系当中，或者说，认同本身就是一种关系，而且认同关系就是指人与人、人与群体及人与社会之间的关系。认同不同于认可，后者只是确认或承认，不意味着接受和赞同，而认同则可理解为确认并赞同，或者是承认并接受。认同也不同于趋同或同化，无论是趋同还是同化，都是指走向相同的过程，而认同指的是确认相同的过程。"[2]

因而，作为一种关系，认同是双向的、互动的。一个个体无法建立认同。认同关系的建立必然包括认同者和被认同者。认同的基础是认知。只有在相互

1　庞朴 . 庞朴文集（第二卷）［M］. 济南：山东大学出版社，2005.

2　崔新建 . 文化认同及其根源［J］. 北京师范大学学报（社会科学版），2004（4）：102-104+107.

认知的基础上，认同才有可能建立。

而另一方面，认同又是以自我为中心的。首先，从认同的标准来看，认同者都是按照自己的标准来辨别对方。其次，从认同的过程来看，认同就是对自我身份的寻找和确认，"认同的过程就是人们通过他人或社会确认自我身份的过程，也就是在自我之外寻找自我、反观自我的过程。"[1] 最后，从认同的目的来看，认同最终是为了使自我的身份趋向中心。而认同产生危机的标志就是自我的被边缘化。

从类型上来看，认同包括种族认同、民族认同、社会（群体）认同、自我认同、文化认同等多种类型，但核心是文化认同。这一方面是因为其他几种认同类型，都包含着文化认同的因素；另一方面是因为认同所包含的角色或者身份的合法性，都离不开文化。与认同不可分割的自我概念，也是文化的产物。

（三）文化认同的涵义

不同学者对文化认同的理解有着较大的差异。Berry（1974）认为，"文化认同指个体对某个文化的认同程度，具体说是个体自己的认知、态度和行为与某个文化中多数成员的认知、态度和行为相同或相一致的程度"[2]。Conner指出：文化认同是指社会成员经由文化活动的参与过程，将文化活动的目标与价值内化于个人心中的一种现象，不但能体会文化活动与个人生活的关系，而且能自然而然发生良好的情感与认同，而成为个人人格的一部分。李克钦（2013）认为，文化认同是指"人类对于文化的倾向性共识与认可"，"文化认同的核心就是价值观认同，文化认同的选择性就是人们对不同价值观的选择"[3]。张国良、陈青文（2011）认为，文化认同是对一种特定符号、语言、价

---

1 崔新建. 文化认同及其根源［J］. 北京师范大学学报（社会科学版），2004（4）：102-104+107.

2 BERRY J W, ANNIS R.C. Acculturative stress: the role of ecology, culture and differentiation［J］. Journal of Cross-cultural Psychology, 1974（5）：382-406.

3 李克钦. 论文化全球化与文化认同建构［J］. 河北青年管理干部学院学报，2013（1）.

值与规范的认同，也是对一个社会的"个性"的认同。它是一种想象的归属感，真实的经验与虚拟的想象，形塑了个人的文化认同。文化认同度高，表明产生了一种倾向接纳的情感；文化认同度低，则是倾向不接纳的情感。[1]陈青文强调了情感是文化认同的表现形式之一。杨欣颖、陈蓓贞（2000）认为，文化认同是主体在媒介所形塑的文化领域中，对自己周遭所呈现文化的接受程度。因此，文化认同从根本上说，是文化接受者对其他民族文化的接受程度问题。杨欣颖强调了文化认同发生在现代媒介所塑造的文化领域中，媒介对文化存在塑造力和对文化认同存在影响力。崔新建则认为，"文化认同，就是指对人们之间或个人与群体之间的共同文化的确认"[2]。

学者郭为藩（1975）将认同程度划分为：①认知——即个人觉得自己属于某一团体，并了解此团体的特性；②情感——个人不仅对认同团体或对象有归属感，并且在情感上有团体内与团体外的划分；③知觉——除了认同对象团体外，还能产生喜好的感觉，在其中自得其乐；④行为——不仅认知、态度和价值观，尤重于行为表现，表现出认同团体的行为特性。据此可以将文化认同分为三个阶段：①认知阶段——基本了解对方的文化；②情感阶段——喜爱对方的文化；③行为阶段——参与或模仿、学习对方的文化。[3]

也有学者将文化认同分为两个维度，即东道国文化认同和本国文化认同。东道国文化认同是指对移居地文化的认同程度，本国文化认同是指对本国文化的认同程度。[4]

1　张国良，陈青文，姚君喜.媒介接触与文化认同——以外籍汉语学习者为对象的实证研究［J］.西南民族大学学报（人文社会科学版），2011（5）：176-179.

2　崔新建.文化认同及其根源［J］.北京师范大学学报（社会科学版），2004（4）：102-104+107.

3　张国良，陈青文，姚君喜.媒介接触与文化认同——以外籍汉语学习者为对象的实证研究［J］.西南民族大学学报（人文社会科学版），2011（5）：176-179.

4　WARD C，RANA-DEUBA A. Acculturation and adaptation revisited［J］. Journal of Cross-cultural Psychology，1999（30）：422-442.

（四）文化认同理论

文化认同理论是美国著名精神分析学家埃里克松于 20 世纪 50 年代初期提出的一个重要文化理论，它是指一个群体中的成员在民族共同体中长期共同生活中形成的，对本民族最有意义的事物的肯定性体认。文化认同是对人的精神存在作出的价值肯定，它主要通过民族本身的特性、习俗以及生活方式，以"集体无意识"的方式流传至今，融合了人们的各种认同，从而阻止了不同的认同之间因部分认同的背离或异特性而可能发生的文化冲突。埃里克松认为："文化认同是个体或群体将某一种特定文化内化为自身思想与情感的一部分，形成归属感，并以此为基础来获取、保留以及重构自身文化的社会心理过程。"[1] 此外，玛格丽特·米德、鲁斯·本尼迪克特、戴维·麦克莱兰等学者也开始从文化的视角分析社会现象。但总体来说，这一时期的文化研究并没有切入政治学领域，也未能引起主流学界重视。

冷战结束后，由于国际环境的变化，国际秩序动荡不安，加上法兰克福学派的影响力不断扩大，许多学者开始批判现实主义，从社会学、哲学等视角出发开展文化研究，"建构""认同""话语"等概念也逐渐成为研究的重点。"20 世纪 80 年代以来，世界范围内爆发了多次民族分裂运动，而在全球化进程不断加快的背景下，学者们也开始重新思考和研究文化认同。在这一时期，文化认同的研究已经从注重'形式'转变为注重'身份'。它被看作是人类共同体稳定长久发展最坚固的基石，吸引了人类学、历史学以及社会学等学界领域的广泛关注。"[2] 文化认同理论的另一位大家斯图亚特·霍尔则从文化身份与文化认同、文化表征、新族性三个维度深化了文化认同的理论内涵。这三个部分不是独立存在的，而是相互联系、相互论证，构成了文化认同理论的内在逻辑。从文化身份和文化认同谈起，在对不同身份的同一追求中，文化表征与反表征反映了文化霸权与反霸权的特质，霍尔由此主张建立新族性的认同。[3]

1　赵静蓉．文化记忆与身份认同［M］．北京：生活·读书·新知三联书店，2015.

2　郑向阳．文化认同视域下历史文化纪录片表征研究［D］．保定：河北大学，2019.

3　周金凤．斯图亚特·霍尔文化认同理论的内在逻辑［J］．哈尔滨学院学报，2018，39（6）：6-9.

近些年来，文化认同这一研究领域发生了一些变化。文化认同不再仅仅是从"认同"这一单一的视角出发，而是呈现出多元视角的趋势。总体来看，呈现出以下几种趋势："第一，在全球化时代的世界格局中，文化与政治的关系发生了革命性变化，站在国家的角度来看待文化认同问题，成为大众普遍认可的一种方式。第二，站在一体化建构的角度来看待文化认同问题，能够形成'民族'、'身份'等更加具体的内容表述，大多数人认为，国家的建构离不开文化的认同。第三，在全球化的时代背景下，文化认同也面临问题，其中认同危机就是典型的代表，这种危机与西方中心化的思想观念密不可分。"[1]

在国内最早研究文化认同的学者中，著有《文化认同论》的郑晓云占有重要地位。她认为："文化认同是人类在文化问题方面达成的一致看法以及认可。它可以通过对某种文化产生强烈的归属感而表现出来。这是一个随着人类文化发展不断发生变化的动态过程，为人类文化的生存与发展发挥重要作用。"[2] 而近些年来，有越来越多的学者将文化认同理论运用到中国语境中，用以解释具体的研究问题。郑向阳以央视播出的历史文化纪录片为主要研究对象，试图探讨在"文化认同"这一视域下历史文化纪录片表征出的相关变化，并由此进行思考与展望。[3] 另外也有一些学者将文化认同理论运用到有关少数族群这一特殊人群的研究中，试图从文化的角度去探讨少数族群的自我身份认同等问题。总体而言，国内有关文化认同这一问题的研究仍然处于机械运用阶段，尚没有具有创新意义的理论突破。并且国内学界更多注意到的是东西方文化冲突这一宏观领域，没有触及由文化认同演绎出的更多可能性。

二、媒介接触与文化认同

目前，有关媒介接触及其与文化认同之间关系的研究主要有以下几种类

1　郑向阳.文化认同视域下历史文化纪录片表征研究［D］.保定：河北大学，2019.

2　郑晓云.文化认同论［M］.北京：中国社会科学出版社，1992.

3　郑向阳.文化认同视域下历史文化纪录片表征研究［D］.保定：河北大学，2019.

型。一是对媒介使用理论框架和方法的研究。喻国明（2017）以媒介接触与使用、对用户媒介接触与使用的研究范式及学术框架研究为例，采用发展心理学、社会学等学术研究框架和研究方法，对移动互联网用户的媒介接触进行测量，建立了适合移动互联传播环境的"时间—空间—媒介接触行为—社会关系—心理效果"五维研究框架，并且意图建立适合移动互联网时代的受众媒介接触研究创新范式。[1] 二是调查受众媒介接触与使用的行为特征。喻国明、杨颖兮（2020）依据2019年全国居民媒介使用与媒介观调查数据，对当下我国居民媒介使用的主要特点进行了分析。[2] 三是通过媒介使用调查，研究媒介使用对受众的社会政治、法律、信息环境的认知和态度的关系。张明新（2009）以武汉市为例，对我国受众的媒介使用与中国文化认同进行研究，调查城市新移民的传播形态及其对该群体社区归属感认知的影响。[3] 王晓华、蒋淑君（2005）以"镜中我"理论和"互动认知"理论为研究框架，根据在深圳所做的移民城市归属感调查数据，研究深圳本地人、户籍移民和非户籍移民三个群体对城市归属的认知状况，通过分析不同群体的媒体接触与使用情况，探索了大众传播对深圳移民建立城市归属感的影响。[4]

而在媒介接触与文化认同的关系问题上，国内学术界有以下转变：一是研究对象从普通大众向特殊身份群体转变，如学生、少数民族、特定城市居民等具有显著特点的群体；二是研究内容从媒介使用研究向媒介效果研究转变；三是在研究方法上，逐渐从定性研究向定量研究或定性与定量相结合的研究方法转变。[5]

1　喻国明，何其聪，吴文汐.传播学研究范式的创新：以媒介接触与使用的研究为例——用户媒介接触与使用的研究范式及学术框架［J］.新闻大学，2017（1）：85-93.

2　喻国明，杨颖兮.接触、时段、场景：中国人媒介使用全景素描——基于"2019全国居民媒介使用与媒介观调查"的分析［J］.新闻记者，2020（4）：28-36.

3　张明新，杨梅，周煜.城市新移民的传播形态与社区归属感——以武汉市为例的经验研究［J］.新闻与传播评论，2009（8）：82-94.

4　王晓华，蒋淑君.媒体·家园·和谐社会——报纸接受对深圳移民城市归属认知的影响［J］.新闻与传播研究，2005（3）：57-65.

5　任迪，姚君喜.外籍留学生媒介使用与中国文化认同的实证研究［J］.西南民族大学学报（人文社科版），2019，40（9）：147-153.

三、华侨文化认同

对于华侨文化认同，国内外诸多学者注意到这一问题的重要价值并开展了相关研究。王赓武（1988）编写的《二战以来东南亚华人认同变化》一书，专门探讨东南亚华人的认同问题。在书中，王赓武指出，东南亚华人具有多重身份认同：在国家认同方面，效忠于居住国；在种族认同方面，认同自己属于华人种族（或族群）；而在阶级认同方面，则对中产阶级经济规范存在认同；在文化认同方面，既有对中华传统文化规范的认同，又有对中华现代文化规范的认同。[1] 具体到华侨文化认同上，学术界主要有以下几种类型的研究。一是对影响华侨文化认同因素的研究。李丽虹（2020）对 GMS（大湄公河次区域）五国华人华侨对中华文化的认同进行了研究，发现年龄、华人代数、祖籍地、汉语水平和汉语使用情况等都是影响华人华侨中华文化认同的重要因素；性别不是影响因素。[2] 二是结合某一具体传播现象，探讨其与华侨文化认同的关系。解晓磊（2019）将研究重点集中于云南题材电视剧，在对外传播最便利、关系最密切的东南亚地区，通过前期在 A 高校、泰国曼谷的问卷调查、深度访谈及 A 校东南亚留学生焦点小组访谈的方法，进行有理有据的受众分析，深度探索传播过程中的问题，分析存在原因，提出针对性对策。[3] 三是研究某一具体国家华侨的文化认同问题。合富祥和冯瑜（2012）先后发表了多篇探讨泰国北部华人穆斯林认同问题的文章，认为：泰北华人穆斯林的身份认同经历了"中国商人""泰国穆斯林"和"跨国穆斯林"三个阶段[4]；华人穆斯林在所处社

1　王赓武. 二战以来东南亚华人认同变化［M］. 香港：香港大学出版社，1988.

2　李丽虹. GMS 五国华人华侨中华文化认同研究［J］. 广西民族大学学报（哲学社会科学版），2020（1）：148–156.

3　解晓磊. 新世纪以来云南题材电视剧东南亚传播与华侨华人的文化认同［D］. 昆明：云南师范大学，2019.

4　合富祥，冯瑜. "云南回族"在泰国北部的流散及身份认同［J］. 西南边疆民族研究，2012（2）.

会中的"同化"问题是个复杂的问题[1]，其身份认同具有异质性和多样性，对其进行分析不能仅停留在地方或国家的层面上，应该在国际化视野中加以审视[2]。总体而言，华人华侨认同问题正逐步成为学界关注的一个热点，但研究还不够丰富，更不够深入。

第三节　研究设计与数据分析

一、研究设计

（一）样本选择

本研究讨论的是越南华人华侨对于中华民族文化感知和认同的问题。样本需要符合以下特征：①拥有在越南境内生活的经历（5年以上）；②受访者的祖籍是中国，或父母至少一方的祖籍是中国；③适合访问的年龄段为14周岁到90周岁。本次研究原计划调查东南亚国家华人社群对于中华民族及中华民族文化的认同感，由于受新冠肺炎疫情在全球蔓延的影响，调查人员只能将研究对象聚焦于越南南部的华人华侨社区。本次研究通过滚雪球抽样法选取受访者。本次研究的主要路径是通过结合线上和线下两种方式对目标群体进行抽样调查。调查人员首先通过线下方式联系当地华人社区，随机选择受访对象，确认第一批受访者全部同时符合以上三个受访条件之后，将合格的受访者纳入受访者列表，并让入选者再推荐1—5名符合条件的受访候选人，以此展开样本收集。当受访者全部确定之后，调查人员通过线上发放问卷的方式对受访者进行调查，确保每一份问卷的发出和回收的有效性。

本次调查设置了数据监督员对问卷数据进行不定时的随机复核，以确保问

1　合富祥，冯瑜.泰国北部华人穆斯林身份认同的变化［J］.世界宗教文化，2012（1）.

2　冯瑜，合富祥.泰国北部华人穆斯林的"跨国穆斯林身份认同"（1991年—现在）［J］.西南边疆民族研究，2015（2）.

卷信息的准确性和有效性。根据受访者列表中的名单，本次调查共发放问卷104 份，实际回收问卷 104 份。本次调查中的问卷所有问题全部为必答题，受访者需要完成问卷中的所有问题。有效问卷的确定标准为问卷中的所有问题全部完成，则该问卷为合格问卷。经过筛查和复核之后，确认有效问卷数量达到101 份，作废问卷为 3 份。

（二）变量测量与信度

本次研究中，民族归属感（身份认同）被设置为自变量，媒介的使用被设置为中介变量，中华民族文化认同感被设置为因变量。所有变量的测量量表均来自过往研究中使用过的成熟量表。本次调查的主要指标为认同程度，因此采用当前最为成熟的 5 分李克特量表作为本次调查研究的问卷格式。本次调查所使用的"中华民族文化认同感"量表是基于宋钰（2020）《来华留学生中国文化认同度调查研究》中的"文化认同感"量表进行改造后形成的，共计 3 个题项。本次研究将问题聚焦于中华民族文化的认同调查，针对"中华民族文化"概念进行量表改造，并拓展新的题项。"身份认同"量表是基于钱龙（2009）等人《城市人"身份认同"对农村宅基地使用权流转的影响研究——基于浙江温州农户的调查》中的"身份认同"量表进行改造后形成的，共计 5 个题项。本次研究将问题聚焦于华侨和华人身份的认同，针对"中华民族侨民身份"概念进行量表改造。"媒介使用"量表是基于马超（2019）《"男女有别"：媒介接触、媒介信任与媒介素养的性别差异——来自四川省域居民的实证调查》中的"媒介接触"量表进行改造后形成的，共计 3 个题项。

改造后的量表经由 SPSS 软件对调查量表信度进行检验。本次调查所采用的量表共计 49 个题项。常见的量表信度检验通常是参考 Cronbach's α 系数。Cronbach's α 系数不超过 0.6，表示内部一致信度不足；Cronbach's α 系数介于0.6—0.7 之间，表示量表信度可以接受；Cronbach's α 系数介于 0.7—0.8 之间，则说明量表信度较好；Cronbach's α 系数介于 0.8—0.9 之间，则表明该量表具有较高的信度。经过检验，本次研究所采用的量表 Cronbach's α 系数为 0.860，如表 2-1 所示，表明该量表具有较高的信度。

表 2-1 调查量表信度检测结果

测量	题项数量	参考值	Cronbach's α 系数
信度结果	49	>0.6	0.860

二、数据分析

(一) 基础数据

本次研究中，共计有 104 名受访者参与调查，101 名受访者成功填写问卷。受访人群构成及基本信息见表 2-2。

表 2-2 受访者基本信息

属性	特征	百分比
性别	男	35.64%
	女	64.36%
年龄	18 岁以下	22.77%
	18—30 岁	58.42%
	31—60 岁	9.90%
	60 岁以上	8.91%
受教育程度	初中及以下	18.81%
	高中	37.62%
	专 / 本科	43.56%
	硕士及以上	0.00%
代际身份	第一代华人	5.94%
	第二代华人	17.82%
	第三代华人	38.61%
	第四代及以后	37.62%

续表

属性	特征	百分比
职业	学生	51.49%
	政府公务人员	0.99%
	教师	4.95%
	工人	4.95%
	企业从业人员	21.78%
	其他	15.84%
在中国学习的经历	无	90.10%
	有	9.90%

本次研究中，从调查结果来看，受访者男女比例约为 4∶6，性别差异对于总体样本的影响不大。受访者年龄分布主要集中于 18 岁以下的青少年及 18—30 岁的青壮年人群，其中，18 岁以下人群占比为 22.77%，18—30 岁人群占比为 58.42%。总体来看，本次调查的参与者偏向青年和青壮年群体。从受教育程度来看，接受过专 / 本科教育的人群占比最大，达到 43.56%，其次是高中教育程度人群，占比达到 37.62%。通过受教育程度的数据可以看出，本次调查中的受访者以接受过高中以上学历教育的人群为主。他们对于社会和民族文化具有一定的认知和感知能力。

代际身份方面，受访人群从第一代华人到第四代及以后的华人人群均有。第一代华人和第二代华人的总占比达到 23.76%，第三代华人与第四代及以后的华人所占的比例较为接近，占比分别达到 38.61% 和 37.62%。从代际身份的数据可以看出，本次调查的人群覆盖面较广，达到研究设计的预期目标。同时，调查避免了单一年代的华人群体占比过大而造成的数据误差。此外，从中国学习经历来看，绝大多数受访者不具有在中国学习的经历，占比达到90.1%。因此，本次调查结果能够较好和较为真实地反映和展现越南南部华人华侨对于中华民族文化的认同程度。

（二）媒介接触

媒介接触部分主要研究的是越南当地华人华侨社区对于媒介的使用情况，其中包括电子设备的语言使用、媒介选择以及关注重点等。通过调查以上信息，本文将探究越南境内的华人华侨群体在媒介选择和使用过程中的偏好和习惯。在这一部分中，我们首先对越南当地华人华侨群体的媒介语言选择展开研究。

如图 2-1 所示，越南的华人华侨在电子设备的语言设置上更偏向于使用越南语。在电子设备的系统语言选择上，有 61.39% 的受访者选择使用越南语。将汉语设置为电子设备系统语言的受访者占比只有 25.74%，其中包括简体中文和繁体中文。将其他语言设置为电子设备系统语言的受访者占比仅有 12.87%，本文所指的其他语言包括但不限于英文、法文、日文等国际语言。从调查结果来看，越南华人华侨群体在电子设备的系统语言设置上更偏向于使用越南语。在电子设备的语言选择上，越南的华人华侨将越南语视为更优先的选择。

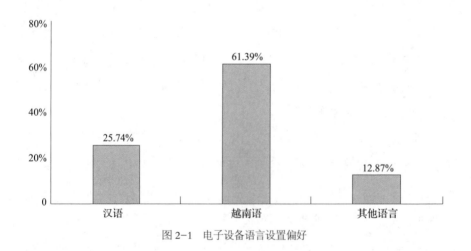

图 2-1　电子设备语言设置偏好

在电视语言选择方面，汉语电视节目和越南语电视节目的选择偏好趋于相同。在这一部分中，越南语和汉语电视节目的内容和形式包括但不限于各类新闻和娱乐节目等。我们从宏观的角度对越南当地华人华侨群体的电视节目语言的选择偏好展开研究。如图 2-2 所示，越南当地华人华侨群体在电视节目的语言选择上对于越南语和汉语节目的偏好趋于相同。对越南语电视节目持赞同和非常赞同态度的受访者分别达到 41 人和 8 人，占比分别为 40.69%和 7.92%；对汉语电视节目持赞同和非常赞同态度的受访者分别达到 40 人和 10 人，占比分别为 39.6% 和 9.9%。从总体上来看，越南当地的华人华侨群体对于越南语电视节目和汉语电视节目的接受程度是基本一致的。然而，值得注意的是，在持不确定态度的人群中，选择汉语电视节目的人数明显高于选择越南语电视节目的人数。这意味着受访者在评估自身平时经常观看的电视节目时，对汉语电视节目的观看是模糊的，因此无法对观看频率进行判断。

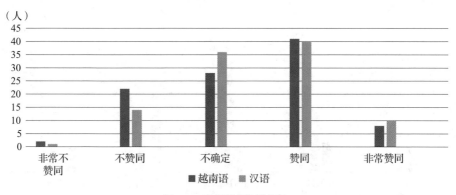

图 2-2　电视语言选择偏好

　　在报纸和杂志语言的选择方面，对越南语的报纸和杂志明显具有较高的认同感。如图 2-3 所示，对于"我经常阅读越南语报纸或杂志"这一选项，越南当地的华人和华侨表示赞同和非常赞同的人数分别为 45 人和 12 人，占比分别达到 44.55% 和 11.88%。此外，有 49 人对于"我经常阅读中文报纸或杂志"这一选项持不确定态度，有 29 人对此持不赞同或非常不赞同的态度。由此可见，越南当地华人华侨在报纸和杂志的选择上倾向于越南语的杂志和报纸。

　　在网络公众号的语言选择方面，越南语的公众号明显具有较高的认同感。如图 2-4 所示，对于"我经常阅读越南语公众号"这一选项，越南当地华人华侨表示赞同和非常赞同的人数分别为 48 人和 18 人，占比分别达到

47.52% 和 17.82%。超过半数的受访越南华人华侨在问卷中表示更赞同自己平时经常阅读越南语公众号内容的选项。从图 2-4 可以看出，在持不确定态度的人群中，选择汉语公众号的人数明显高于选择越南语公众号的人数。这意味着相较于越南语公众号，汉语公众号的阅读者更加不确定自己平时在阅读公众号的时候究竟是更多地阅读越南语公众号还是汉语公众号。根据这一部分的调查结果，我们可以看出越南当地的华人华侨在日常生活中阅读越南语公众号会比汉语公众号更多。同时，越南当地华人华侨对于自己阅读汉语公众号持不确定态度的人数明显高于越南语公众号。在本次调查中，我们发现仅有约 23% 的受访者对于自己阅读汉语公众号持不赞同和非常不赞同的态度。

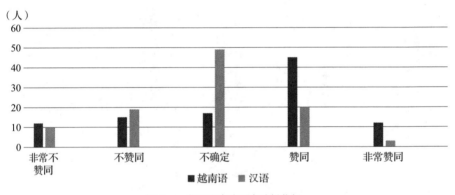

图 2-3　报纸和杂志语言选择偏好

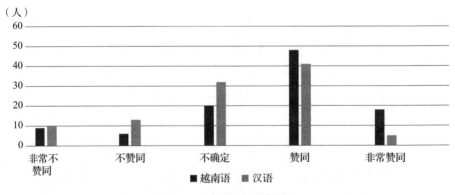

图 2-4　公众号语言选择偏好

如图 2-5 所示，受访者中仅有约 29% 的人认为自己每天都会阅读汉语公众号的信息，其中，持赞同意见的受访者约为 24%，持非常赞同意见的受访者约为 5%。然而，有 35.64% 的受访者认为无法确定自己是否每天都阅读汉语公众号。此外，持不赞同和非常不赞同意见的受访者人数约为 35%。根据这一数据，我们发现，受访的越南当地华人华侨可以大体分成三个群体，分别是每天阅读汉语公众号、非每天阅读汉语公众号和不确定三个群体。其中，每天阅读汉语公众号的人群约占总受访者的 29%，非每天阅读汉语公众号的人群约占总受访者的 35%，不确定的人群约占 36%。由此可见，每日阅读汉语公众号的受访者在总体样本中的占比是最小的，这意味着当地华人华侨对于汉语公众号的阅读频率是低于越南语公众号的。

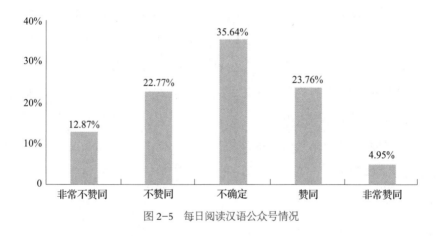

图 2-5　每日阅读汉语公众号情况

基于以上数据，我们发现，大部分受访的越南当地华人华侨在媒介语言的选择上是偏向于越南语的。无论是在电视平台、报纸和杂志平台，还是在网络平台上，本次调查中受访的越南当地华人华侨对于越南语媒体平台持赞同和非常赞同态度的人数均高于对汉语媒体平台持赞同和非常赞同态度的人数。同时，在本次调查中，对于汉语媒体平台持不确定态度的受访者人数明显高于同类越南语媒体平台，无论是电视平台、报纸和杂志平台，还是网络平台。根据这一调查结果，我们发现越南境内的华人华侨在日常生活中的主要交流语言是越南语。在媒体选择偏好的问题上，尽管越南当地华人华侨在日常生活中也会阅读汉语媒体平台的内容，但是他们在媒体的选择和偏好上还是倾向于越南语媒体平台。

为进一步研究越南当地华人华侨对于媒体的使用情况，我们从社交软件的角度对这一群体进行了研究。我们分别从越南当地常用社交媒体平台和中国常用社交媒体平台中选取三个知名社交媒体平台进行对比。越南当地常用社交媒体平台为 Facebook、Instagram 和 Zalo，中国常用社交媒体平台分别为微信、微博和抖音。

从总体上看，受访者对于越南当地常用的社交媒体平台持赞同态度的人数明显高于中国常用的社交媒体平台。通过对比可知，对越南当地常用的社交媒体平台表示赞同和非常赞同的人数总和明显高于中国常用的社交媒体平台，对中国常用的社交媒体平台表示不赞同和非常不赞同的人数总和全面高于越南常用的社交媒体平台。其中，对 Facebook 持赞同和非常赞同的受访者约占总受访人数的 89%。紧随其后的是越南本土的 Zalo 社交软件，对之持赞同和非常赞同态度的受访者约占总受访人数的 59%。如图 2-6 和图 2-7 所示，这两组数据表明，多数越南当地华人华侨群体在社交媒体平台的使用上倾向于使用国际知名社交媒体平台和越南本土社交媒体平台。同时，这两组数据还从侧面说明了中国常用的社交媒体平台在越南当地的华人社区的使用率普遍偏低。

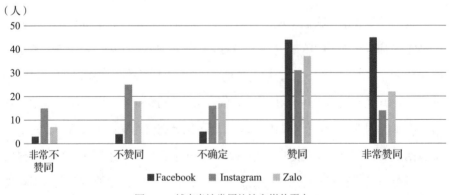

图 2-6　越南当地常用的社交媒体平台

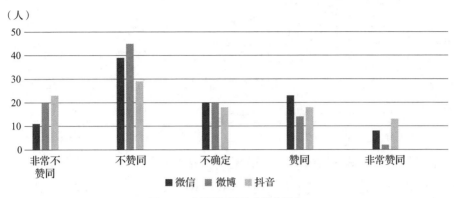

图 2-7　中国常用的社交媒体平台

在本次调查中，我们还对媒体内容的选择进行了研究。媒体内容的选择决定了越南当地华人华侨在媒体使用过程中能够接收到的信息类型。在这一部分中，数据展现了越南华人华侨最为关注的媒体信息类型。调查结果如图 2-8 所示。

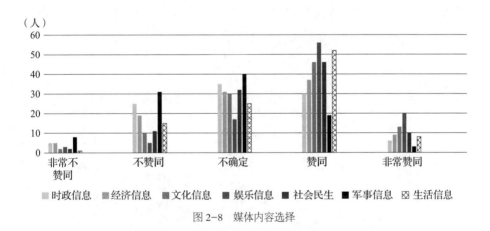

图 2-8　媒体内容选择

根据图 2-8 的数据，前四类信息分别是娱乐信息、生活信息、文化信息和社会民生信息。其中，文化信息和社会民生信息的人数相似，并列第三位。这一组数据表明，越南当地华人华侨在日常的媒体使用中最为关注的内容是娱乐信息，即与娱乐圈相关的娱乐新闻；其次是生活信息，即当地的交通、美食和租房等生活资讯；最后是文化信息和社会民生信息。

（三）中华民族文化认同

民族文化认同由多个维度构成，分别是民族语言的使用、民族传统文化和民族自我认知。在本次研究中，我们从民族语言、传统文化和自我认知三个维度对越南当地华人华侨群体的中华民族文化认同情况进行研究。语言是一个民族用以信息交流的重要媒介，同时也是民族文化认同构成中重要的组成部分。民族文化是社会亚文化类别中的一种。民族文化由特定的民族习俗、饮食文化、图腾和禁忌等元素构成。民族身份的自我认知是个体的一种主观认知。

在民族语言方面，我们从持续学习汉语和日常使用汉语等方面对受访者进行调查。由于越南华侨的来源非常复杂，并不仅仅来自中国国内的单一地方，因此在这一部分中，本调查中所指的汉语包括但不限于普通话、粤语、潮汕方言、闽南语以及其他方言等。如图 2-9 所示，调查中我们发现接近半数的受访者表示赞同或非常赞同自己持续学习汉语，仅有 30% 的受访者表示不赞同或非常不赞同自己持续学习汉语。这一组数据表明，越南当地华人华侨中有近半数的人是持续在学习汉语的。越南当地老一辈华人在对年轻一代华人的教育当中，汉语教育仍是重要的一部分。

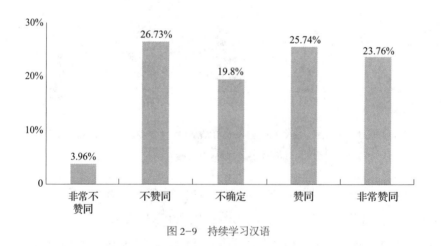

图 2-9　持续学习汉语

在语言的实际应用方面，越南当地华人华侨对于汉语在家庭内和家庭外的使用情况是相似的。汉语沟通（内）是指受访者与家庭成员沟通时使用汉语的情况，汉语沟通（外）是指受访者与非家庭成员沟通时使用汉语的情况。如图 2-10 所示，约有 56% 的受访者表示赞同或非常赞同自己在与家庭外成员的沟通过程中使用汉语进行交流。另一方面，约有 59% 的受访者表示赞同或非常赞同自己在与家庭内成员的沟通过程中使用汉语进行交流。这一组数据表明，越南当地华人在日常与华裔群体的沟通过程中，对汉语的使用是比较普遍的。同时，越南当地华人华侨在家庭日常交流中，汉语也是主要交流语言之一。

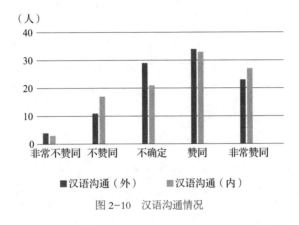

图 2-10　汉语沟通情况

　　民族的传统文化是中华民族文化认同研究中的一个重要元素。民族传统文化影响着一个民族的社会行为和价值观念。在本次调查中，我们抽取了中华民族的重要传统节日，并对受访者进行访问。如图 2-11 所示，调查中我们发现，大多数受访者依旧保留了庆祝中华民族传统节日的习俗。其中，受访者对庆祝春节持赞同和非常赞同态度的总人数高达 89 人，占比约达到 88%；对庆祝元宵节持赞同和非常赞同态度的总人数达到 71 人，占比约达到 70%。同时，受访者对问卷中所列的中华民族传统节日持非常不赞同态度的人数为 0。在对庆祝中华民族传统节日持不赞同态度的人群中，仅有对七夕节不赞同的人数占比超过了 10%，对其余传统节日的不赞同人数比例均低于总人数的 10%。这一组数据说明，越南当地华人华侨对于中华民族传统节日依旧保留了相应的庆祝活动，对传统风俗给予了相当大的重视。

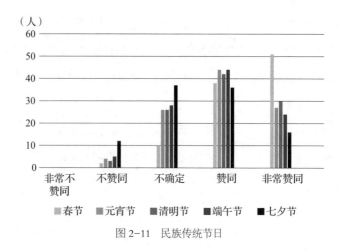

图 2-11　民族传统节日

在饮食文化方面，大多数受访者表示缺乏相应的认知。在这部分的调查中，我们选取了餐桌礼仪、中华八大菜系、酒文化和茶文化进行调查。根据调查结果来看，大多数受访者对于中华饮食文化持不确定态度，即无法确定自身是否了解相应的饮食文化。如图 2-12 所示，问卷中的所有饮食文化中，仅有餐桌礼仪具有较高的认同感，持赞同态度的人数为 37 人，持非常赞同态度的人数仅有 8 人。在这部分调查中，持不确定态度的人数是最多的。所有饮食文化均有 40% 以上的受访者表示自己不确定是否了解该饮食文化。

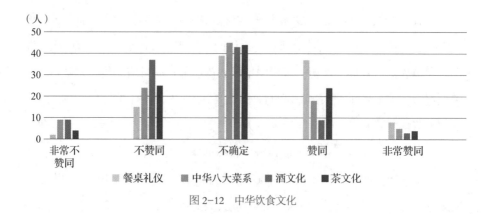

图 2-12　中华饮食文化

在民族身份认同方面，大多数受访者对于中华民族后裔的认同感和越南人的认同感几乎一致。在这部分调查中，我们研究了越南当地华人华侨对于中华民族后裔身份和越南人身份的认同情况。如图 2-13 所示，受访者对中华民族后裔身份表示赞同的人数为 39 人，表示非常赞同的人数为 15 人；同时，受访者对越南人身份表示赞同的人数为 42 人，表示非常赞同的人数为 15 人。从数据中可以看出，受访者对于中华民族后裔身份的认同占此在总体上仅略低于对越南人身份的认同。这一组数据可以说明，大部分受访者对中华民族后裔身份和越南人身份同时具有认知，即受访者认为自己既是华裔，同时也是越南人。在调查中，我们发现仅有约 13% 的受访者表示自己不赞同华裔身份，6% 的受访者表示自己非常不赞同华裔身份。

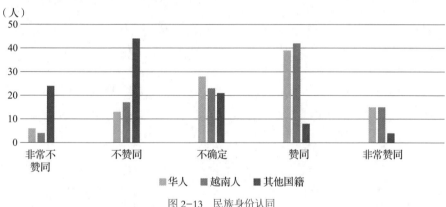

图 2-13　民族身份认同

　　总体而言，在本次调查中，我们探讨了越南当地华人华侨在媒介使用过程中对中华民族文化的认同感。本次调研是我们首次对越南当地华人华侨的媒体使用情况和中华民族认同感展开的研究。通过以上数据可知，越南当地华人华侨在日常的沟通交流中，主要使用的语言为越南语，其次是汉语。大多数受访的越南当地华人华侨在电子设备的语言设置上采用越南语作为系统语言。越南当地华人华侨在媒体的选择上总体倾向于越南语媒体，无论是电视平台、报纸和杂志平台，还是网络社交平台。

　　在中华民族文化认同方面，越南当地华人华侨对于中华民族的传统文化依旧具有较高的认同感。根据上文所示的数据，越南当地华人华侨家庭中有超过半数的人表示赞同自己采用汉语与家庭内部成员进行交流；同时，亦有超过半数的受访者表示赞同自己在与非家庭成员的华裔沟通时采用汉语进行交流。研究中我们发现，越南当地华人华侨对于中华民族传统节日依旧具有较高的认同感。绝大部分受访的当地华人华侨表示自己认同中华民族传统节日。此外，关于民族身份认同的部分，我们发现越南当地华人华侨对于越南人身份的认同略微高于华裔身份。因此，我们认为，尽管越南当地华人华侨在日常的媒体使用过程中倾向于越南语媒体平台和节目，但是当越南华人华侨在与家人或其他华人华侨沟通时，汉语依旧是他们选择的主要语言之一。同时，越南当地华人华侨对于中华民族传统文化的认同感并未减弱。通过对民族传统节日调查的数据可以看出，当地华人华侨对于中华民族传统节日依旧保留了较高的认同感。

第三章
东盟国家来华留学生文化适应状况
对中国文化好感度的影响研究

　　随着全球化趋势的加强，来华留学生的人数大幅增加。近年来，来自东南亚国家联盟（ASEAN）的留学生人数增长迅速。来华留学期间，东盟国家留学生文化适应状况，不仅与他们的学习和生活密切相关，并且对他们理解和认同中国文化也有重要的影响。Berry 的研究论证了文化认同和社会适应的关系，认为强烈的认同提供了情感的稳定和心理的安全，能够为个体提供心理支持，帮助个体适应新文化。因此我们假设这个关系是双向的，良好的适应状况象征个体能够在心理上信赖新文化，并获得更多的情感支持，增进认可并产生正向的情感倾向和归属感，导致对新文化的好感度提升。

　　为帮助东盟各国来华留学生们提高文化适应能力，进而增强他们对中国文化的好感程度，本研究结合 Ward 等人对文化适应层次和领域方面的研究、Berry 提出的双向度模型等理论基础，对留学生的文化适应状况、对中国文化的好感度以及两者间的相关性进行调查和分析。并在此基础上，对如何通过增强东盟国家留学生文化适应水平来提高对中国文化的好感度提出建设性的对策，为具体的实践提供相应的理论支撑。随着"21 世纪海上丝绸之路"建设的推进，中国和东盟国家的政治经济合作关系日益紧密。增强"一带一路"沿线国家来华留学生的文化适应水平，有助于缩短东盟国家和中国的文化心理距离，为讲好中国故事开辟新的渠道，为中国文化的"走出去"注入新的活力。

第一节　研究思路和方法设计

本研究将通过分析影响东盟国家留学生的文化适应程度的因素，以及他们的文化适应程度与其对中国文化好感度的关系，帮助东盟国家留学生更好应对留学过程中的文化冲击；本研究还从心理层次和社会文化层次两个方面提出有效的措施，以增强他们对中国文化环境的适应程度和喜爱程度。通过此项研究，有助于优化东盟国家来华留学生的留学质量和文化生活体验，使他们保持健康良好的跨文化心理适应状况，从而增进其对中国文化的喜爱程度。

一、文化适应理论

文化适应理论一直以来都备受心理学家们的重视。Rudmin 对 1900—2000 年间心理学文摘数据库（PsycINFO）和国际学术论文文摘（Dissertation Abstracts International）这两个数据库中所包含的文化适应研究做了统计，可以看到文化适应研究的蓬勃发展（见图 3-1）。

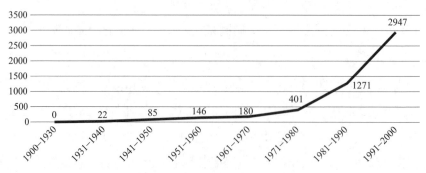

图 3-1　文化适应相关研究的数量

最初的文化适应理论是单维度的，单维度模型的历史相对而言也最长，由 Parks 和 Miller 在 1921 年提出，由 Gordon 等进一步发展。这一理论认为文化适应中的个体总是位于从完全的原有文化（culture of origin/heritage culture）到完全的主流文化这样一个连续体的某一点上，并且这些个体最终将到达完全的主流文化这一点。也就是说，对于新到一个文化环境的个体而言，其文化适应的最后结果必然是被主流文化所同化。文化适应是指由个体所组成且具有不同文化的两个群体之间，发生持续的、直接的文化接触，导致一方或双方原有文化模式发生变化的现象。

现在研究中使用最多的双维度模型是 Berry 发展出来的模型。他提出的两个维度分别是保持传统文化和身份的倾向性，以及和其他文化群体交流的倾向性。根据文化适应中的个体在这两个维度上的不同表现，Berry 总结出了 4 种不同的文化适应策略：整合（integration）、同化（assimilation）、分离（separation）和边缘化（marginalization）[1]。

Arends-Toth 和 Van de Vijver 在总结其他研究者的研究成果的基础上，从另外的角度提出了一个新模型——融合模型（fusion model）[2]。他们认为，文化适应中的个体实际上面对的是一种新的"整合的文化"，而不是单一的主流文化或者原有文化。这种整合的文化可能包含了两种文化里所共有的精华部分，也可能包含了某一文化所特有的但并不突出的内容。

在文化适应层次方面，Ward 和她的同事做了大量的工作[3]。她们把文化适应分成两种类型：心理层次上的以及社会文化层次上的文化适应。Black 进一步将跨文化社会适应分为三个维度：一般性适应（general adaptation）、工作性适应（work adaptation）和交往性适应（interact adaptation）[4]。

---

1 ［加］约翰·贝理，等. 文化过渡中的移民青少年：跨国背景下的涵化、认同与适应［M］. 北京：中央民族大学出版社，2015.

2 ARENDS-TOTH J, VAN DE VIJVER F J R. Domains and dimensions in acculturation：implicit theories of Turkish-Dutch［J］. International Journal of Intercultural Relations，2004（28）：19-35.

3 WARD C. The A, B, Cs of acculturation［A］. In David Matsumoto（ed.），The handbook of culture & psychology. New York：Oxford University Press，2001：411-445.

4 BLACK J S, MENDENHALL M, ODDOU G. Toward a comprehensive model of international adjustment：an integration of multiple theoretical perspectives［J］. Academy of Management Review，1991（2）：291-317.

总的来说，在当今的跨文化心理学领域，虽然还有一些研究支持或者部分地支持单维度模型，在理论层次上还是有一个明显的向双维度模型过渡的趋势，而多维度模型和融合模型在现阶段则缺乏足够的实证性证据。

二、研究方法

本研究采用量化研究的方法，衡量东盟国家在华留学生的文化适应状况与对中国好感度之间的关联性，并通过对留学生当下的文化适应状况进行评估，提出建议，提升留学生对中国文化的好感度。

由于个体的文化适应在不同的层面上的状态可能并不一致，因此对留学生的文化适应情况进行考察，首先需要界定文化适应的层次。根据 Ward 在 1999 年的研究，本研究将文化适应的层次分为心理适应和社会适应两种。心理适应是指进入新文化环境的个体在心理和情感上的适应程度，以个人面对压力和应对压力为背景进行考察。社会适应指个人是否具备足够的能力去适应新文化环境、与新文化交流，这与个人的社会学习模式有关。因此，本研究从心理适应程度和社会适应程度两方面评估留学生的文化适应状况（见表 3-1）。

表 3-1　文化适应评估内容

	生活满意度
心理适应	自尊状况
	压力程度
	心理健康状况
	人际交往
社会适应	学校适应
	语言应用
	生活习惯适应

在文化适应的相关研究中，对目标国的"好感度"的研究比较少见。本研究将喜爱度分为认同、情感倾向和归属感三个层面来讨论。认同表示对中国

文化的认可和接受程度，偏向理性层面；情感倾向代表对中国文化是否抱有正面的情感态度，偏向情感层面；归属感表示是否认为自己同中国文化存在关联。综合考量留学生个体在这三个层面的状况，评估留学生对中国文化的好感度（见表3-2）。

表 3-2　对中国好感度评估内容

认同	认可和接受程度。是否能够理解中国文化中的若干现象，并认为具有合理性
情感倾向	情感态度。对中国文化中的标志物的情感倾向
归属感	是否认为与自己相关，比如是否愿意主动告知留学经历，是否推荐来华留学

综上，本研究从心理适应和社会适应两个层面评估东盟国家在华留学生的文化适应状况，并综合认同、情感倾向和归属感三个指标衡量留学生对中国文化的好感度。此外，性别、年龄、在华时长、来华目的、赴华之前对中国的了解程度也作为变量进行考察。

第二节　问卷描述与分析

问卷包括三部分，分别是人口统计学调查、文化适应程度调查和对中国文化的好感度调查。

一、问卷描述

（一）人口统计学调查
包括性别、年龄、国籍、来华生活城市、在华时长、留学时长、毕业后打算和赴华前对中国的了解程度。

（二）文化适应程度调查

包括心理适应状况和社会适应状况两部分，根据留学生在这两方面的表现得出总体的适应状况。其中，心理适应状况包括生活满意度、自尊状况、压力程度和心理健康状况四大类。问卷设计分别如下：

1. 心理适应状况

A. 生活满意度：因为满意是一个较为主观的指标，因此采用留学生自我评估的形式，要求留学生用从 0（完全不满意）到 7（非常满意）来确定对留学生活的总体满意程度。

B. 自尊状况：罗森伯格（Rosenberg）认为，自尊是指个体对自身抱有的一种积极或消极的态度，与许多心理变量存在关联，对未来的行为、当下的心理健康具有预测作用[1]。本研究采用国际上广泛使用的罗森伯格自尊量表来调查留学生的自尊情况。该量表的信度、效度和文化适应性在很多实证研究中都得到了证实。罗森伯格自尊量表采用李克特 5 点量表计分，本研究为了统计上的方便选择了 6 点计分，0 代表"很不符合"，5 代表"非常符合"。

C. 压力程度：本调查中采用的压力量表选自 Bin Yang 和 G.A. Clum 编写的在美亚洲留学生心理压力量表[2]。国内研究人员王晓燕和陈权对该量表进行了考证，证明该量表具有良好的信效度，可为来华留学生生活压力研究提供测量工具上的有效支持。他们还进行了探索性研究，提出来华留学生生活压力来源主要有 6 个维度，分别是社交压力、新文化压力、经济压力、学业压力、未来选择压力和语言压力[3]。

由于本研究的目的是探索东盟留学生文化适应状况对中国文化好感度的影响，因此选择上述 6 个维度中的新文化压力、学业压力、经济压力和语言压

1　ROSENBER M. Society and the adolescent self-image［M］. Princeton, NJ: Princeton University Press, 1965.

2　YANG B, CLUM G A. Measures of life stress and social support specific to an Asian student population［J］. Journal of Psychopathology and Behavioral Assessment, 1995（1）: 51-67.

3　王晓燕，陈权. 来华留学生生活压力量表修订及应用研究［J］. 高等教育研究学报, 2018（3）: 81-86.

力 4 个维度进行考察，共选取 12 个项目，采用 6 点计分，0 分代表"从没有过"，5 分代表"经常发生"。

D. 心理健康状况

本调查采用国际通用的症状自评量表（SCL-90）作为测试来华留学生心理健康状况的工具。该量表包括强迫、偏执、抑郁、敌对、焦虑、人际关系敏感、精神病性、恐怖、躯体化 9 个因子。过往针对东南亚在华留学生心理状况的研究中，东南亚留学生较普遍的问题是强迫、人际关系敏感、抑郁等问题[1]。因此，本研究从这 3 个因子中选择了 10 个项目进行调查，采用 6 点计分，0 分代表"无症状"，5 分代表"症状严重"。

2. 社会适应状况

有关社会适应状况相关的研究中，尚未发现适合用来评估来华留学生的量表，因此参考了 Berry 为评估青少年移民适应状况而设计的量表，并结合中国的情况作出调整。从人际交往、学校适应、语言应用、生活习惯适应四个方面进行考察，共设计了 10 个问题，采用 6 点计分法，0 代表"完全不符合"，5 代表"完全符合"。

（三）对中国文化的好感度调查

由于这部分的内容不具有很强的普遍性，所以没有采用标准化量表，参照过往学者的研究自行设计了调查问题，从认同、情感倾向和归属感三个方面进行统计[2]，共设计了 14 个问题。采用 6 点计分法，0 代表"完全不同意"，5 代表"完全同意"。

综上，调查问卷分为 3 个部分，题目数分布如下，共计 66 个问题。

1　刘奇，杨红旗，白丽，刘明. 270 名在华南亚留学生心理健康状况分析［J］. 大理学院学报，2009（12）：45-48.

2　叶淑兰. 外国留学生的中国观：基于对上海高校的调查［J］. 外交评论，2013（6）：87-107.

表 3-3　东盟国家来华留学生文化适应程度调查问卷结构

调查对象			题目数	说明
基本信息			8	性别、年龄、国籍、来华生活城市、在华时长、留学时长、毕业后打算和赴华前对中国的了解程度等
文化适应程度	心理适应	生活满意度	2	总体评分
		自尊状况	10	选自罗森伯格编写的自尊量表
		压力程度	12	选自 Bin Yang 和 G.A. Clum 编写的在美亚洲留学生心理压力量表中新文化压力、学业压力、经济压力和语言压力四个维度
		心理健康状况	10	选自 SCL-90 量表中的强迫、人际关系敏感、抑郁因子调查
	社会适应	人际交往	3	改编自 Berry 评估青少年移民的社会适应状况的量表
		学校适应	3	
		语言应用	2	
		生活习惯适应	2	
对中国文化的好感度		认同	5	自行设计问题
		情感倾向	4	
		归属感	5	
合计			66	

二、结果分析

(一) 调查对象描述

本次研究以线上调查问卷的形式进行，共回收问卷 86 份。调查对象包括东盟十国的来华留学生，调查对象的平均年龄为 24.72 岁，属于年轻群体。其中，女性占 70.9%，男性占 29.1%，绝大部分调查对象的出生年份在 1991—2000 年之间，目前在中国攻读本科或硕士学位。具体人员构成信息如表 3-4 所示。

表 3-4　调查对象人口统计信息构成表

变量	构成	人数	占比
性别	男	25	29.1%
	女	61	70.9%
出生年份	2000 年以后	2	2.3%
	1996—2000 年	42	48.8%
	1991—1995 年	35	40.7%
	1990 年及以前	7	8.3%
国籍	文莱	3	3.5%
	柬埔寨	2	2.3%
	印度尼西亚	5	5.8%
	老挝	4	4.7%
	马来西亚	8	9.3%
	缅甸	2	2.3%
	菲律宾	2	2.3%
	新加坡	1	1.2%
	泰国	20	23.3%
	越南	39	45.3%

　　调查对象中，大部分东盟留学生的在华时间都小于或等于 3 年，并且计划留学时间大于 1 年。绝大多数同学在赴华前学习过汉语，比例高达 81.4%；并且对中国具有中高程度了解的同学占总人群的 74.4%。半数留学生打算毕业后留在中国工作或继续学习，打算回国的留学生占 36%。具体情况如表 3-5 所示。此外，也有留学生打算毕业后先回本国工作，然后再来中国留学。

表 3-5　调查对象文化信息统计表

项目	构成	人数	占比
在华时长	小于或等于 1 年	27	31.4%
	1—3 年	34	39.5%
	3—5 年	14	16.3%
	大于 5 年	11	12.8%

续表

项目	构成	人数	占比
留学项目	短期留学（≤1年）	15	17.4%
	长期留学（>1年）	71	82.6%
来华前是否学过汉语	是	70	81.4%
	否	16	18.6%
来华前对中国的了解程度（自评）	了解程度较低（量度0—2）	22	25.6%
	了解程度较高（量度3—5）	64	74.4%
毕业后的打算	留在中国工作、生活或继续学习	43	50%
	毕业后回国	31	36%
	其他	12	14%

调查得知，东盟留学生选择来华留学最主要的原因是"喜欢中国文化，想要了解更多""希望提升自己的中文水平""看好中国在国际上的长期发展前景，出于就业的考虑选择留学"。如图3-2所示，对中国文化的向往和对中国发展前景的信心是促成留学生选择中国的关键因素。此外，也有留学生认为，丰厚的奖学金是影响留学决定的比较重要的因素，如果没有奖学金的支持可能不会做出留学选择。

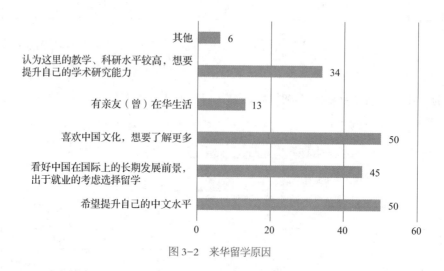

图3-2 来华留学原因

根据调查得知，东盟留学生在来华前获取留学信息的方式主要是通过亲朋好友的介绍，其次是留学宣传、旅游宣传等商业宣传和新闻媒体报道（见图3-3）。

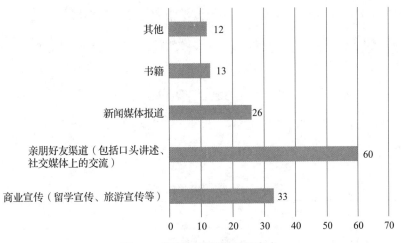

图 3-3　获取来华留学信息的方式

此外，满意度调查结果显示，东盟留学生对自己留学生活满意状况的平均分数是 3.79 分（满分为 5 分），显示东盟留学生具有中等偏上的满意状况。但也有留学生反映自己生活中遇到了若干不满意的事情，包括认为"学校的管理程序过于复杂，办事效率不高，老师不关心留学生生活状况""宿舍的卫生状况较差""感受到中国人对东南亚留学生有歧视"等问题。

（二）研究结果分析

我们对调查问卷中四个未采用标准化量表的部分（社会适应状况、认同状况、情感倾向状况、归属感状况）进行了内部一致性检验，结果显示量表的克朗巴哈系数均较高，表示社会适应状况、认同状况、情感倾向状况、归属感状况四个量表均具有较高的内部一致性，因此调查具有良好的信度（见表 3-6）。

表 3-6　4 个量表的克朗巴哈系数

量表名	克朗巴哈系数
社会适应量表	0.88
认同量表	0.85
情感倾向量表	0.87
归属感量表	0.79

自尊是指个人对自身的一种积极或消极的态度，是心理学、社会学等学科的经典研究课题，对个体的生存和发展具有重要意义，并对未来的行为和心理健康具有重要影响。问卷采用广泛使用的罗森伯格量表，测量东盟留学生的普遍自尊水平，结果显示平均值为 3.50 分（0—5），标准差为 0.85。这表示东盟留学生普遍具有较高的且稳定的自尊水平。项目及平均值统计如表 3-7 所示。

表 3-7　东盟留学生自尊状况统计表

项目	平均值	标准差
在留学生活中，我感到我是一个有价值的人，至少与其他人在同一水平线上	3.48	1.071
在留学生活中，我觉得我有很多优点	3.34	1.036
在留学生活中，我从不觉得自己是个失败者	3.38	1.257
在留学生活中，我能像大多数人一样把事情做好	3.62	1.053
在留学生活中，我经常为自己感到自豪	3.37	1.117
在留学生活中，我对自己持肯定态度	3.65	1.049
在留学生活中，总的来说，我对自己是满意的	3.48	1.037
在留学生活中，我从不认为自己一无是处	3.58	1.023
在留学生活中，我希望我能为自己赢得更多尊重	3.66	1.184
在留学生活中，我从未感到自己毫无用处	3.41	1.131

心理健康问题是衡量留学生心理适应状况的重要方面，了解留学生的心理健康状况已经成为留学生教育管理工作者的当务之急。本问卷采用 SCL-90 量表，测量了心理健康问题中的强迫、人际关系敏感、抑郁三个维度。结果显示，东盟留学生较为突出的心理健康问题是人际关系敏感，平均分数为 3.21 分；其次是抑郁，平均分数为 3.15 分。21% 的调查对象在回答"感到人们对您不友好，不喜欢您"时选择了程度较高（3—5）。在与人际关系相关的其他问题上，东盟留学生感受到的不理解、不友好也比较多。此外，14% 的调查对

象表示容易哭泣（>3）。东盟留学生的整体心理健康状况值得关注。项目及平均值统计如表3-8所示。

表3-8 东盟留学生心理健康状况统计表

心理问题	项目	项均值	问题均值
强迫	担心自己的衣饰整齐及仪态的端正	3.05	2.65
	感到难以完成任务	2.76	
	做事必须反复检查	2.01	
	感情容易受到伤害	2.76	
人际关系敏感	感到别人不理解您，不同情您	3.02	3.21
	感到人们对您不友好，不喜欢您	3.41	
	当别人看着您或谈论您时感到不自在	3.03	
	在公共场合吃东西感到很不舒服	3.38	
抑郁	感到自己的精力下降，活动减慢	3.06	3.15
	容易哭泣	3.24	

本调查还测量了东盟留学生面对的各种来源的压力，其中包括新文化压力、学业压力、经济压力和语言压力四个维度。结果显示，东盟留学生最大的压力来源是学业压力。66.2%的调查对象在回答"我很担心我的学术表现"时，选择了程度较高（3—5），60.4%的调查对象比较认同"如果在学术上表现不好，我会觉得很失败"。可以看出学业压力对留学生的生活有很大的影响。

其次就是经济压力。60.5%的调查对象在回答"我很担心未来的就业问题"时，选择了程度较高（3—5），由此可以看出东盟留学生比较担忧毕业后的就业问题。但相对来说，不太担忧目前的经济状况。63.9%的同学不认为目前的经济状况对生活产生了影响，这可能和留学生在中国留学能够获得奖学金支持有关。

留学生面对的新文化压力的均值是最小的，但仍有45.4%的同学在回答"不习惯中式思维和中式表达"时选择了程度较高（3—5）。由此可以看出，思维方式和表达方式上的不适应也是留学生压力的一个来源。项目及均值统计如表 3-9 所示。

表 3-9　东盟留学生压力状况统计表

维度	项目	项均值	维度均值
新文化压力	我很不习惯中式思维和中式表达	2.30	1.97
	我不喜欢这里的食物	1.87	
	我不喜欢这里人们的娱乐方式	1.73	
学业压力	我很担心我的学术表现	2.84	2.54
	我不喜欢中国的学术交流方式	2.00	
	如果在学术上表现不好，我会觉得很失败	2.77	
经济压力	我很担心我的经济状况	2.36	2.43
	我目前的经济状况让我的生活很困难	1.99	
	我很担心未来的就业问题	2.95	
语言压力	我的中文水平让我和别人交流时感到很尴尬	1.88	2.06
	我读中文书、中文论文时，觉得难度很大	2.21	
	我很难用中文准确表达自己的想法	2.10	

留学生对中国文化的喜爱包括认同、情感倾向和归属感三个方面。结果显示，东盟留学生在三个维度上的评分都比较高，情感倾向和归属感的平均值分别是 3.72 分和 3.63 分（0—5）；认同相对较低，平均值为 3.38 分。平均值最低的项目是"中国人平等对待外国人"，仅为 3.15 分，26.7% 的东盟留学生不认同中国人能平等对待外国人（<3），并且该项目的标准差较大，可以推测留学生遇到的不平等事件会在很大程度上影响其对中国文化的喜爱。94.2% 的东盟留学生认为来中国是一个正确的选择（>3），90.6% 的东盟留学生愿意推荐亲朋好友来中国留学。但在归属感比较强烈的"认为中国是自己的第二故乡"的选项上，平均值为 3.31 分，并且具有较大的标准差。统计结果如表 3-10 所示。

表 3-10　东盟留学生对中华文化的好感度统计表

项目	平均值	标准差	维度	平均值
中国人平等对待外国人	3.15	1.15	认同	3.38
中国是一个礼仪之邦	3.35	0.99		
中国人以和为贵	3.44	0.98		
中国人很讲原则	3.40	0.95		
中国人的责任意识很强	3.56	0.97		
谈中国时的态度	3.48	0.82	情感倾向	3.72
对中国的文化生活的评价	3.62	0.81		
认为来中国是一个正确的选择	3.88	0.89		
更多地了解中国文化的兴趣程度	3.88	0.86		
经常和自己国家的亲朋好友谈到中国	3.63	0.98	归属感	3.63
为在中国留学的经历感到自豪	3.72	1.00		
认为中国是自己的第二故乡	3.31	1.21		
愿意推荐亲朋好友来中国留学	3.97	1.06		
毕业后想要留在中国工作	3.50	1.40		

留学生的文化适应状况可能会影响其对中国文化的好感度。在过往研究中，Berry 的研究认为，认同提供了情感的稳定和心理的安全，个体能够从新的文化来源中获得心理支持，从而更好地适应新文化。我们假设，如果个体的文化适应状况良好，那么就更容易在心理上对新文化产生信赖，并从新文化中获得更多的情感支持和社会支持，进而产生对新文化的认同感，以及正向的情感倾向和较强的归属感，从而提升对新文化的好感度。因此，本研究进行了以好感度作为因变量，以文化适应状况作为预测变量的回归分析，检验适应状况对好感度是否具有正面影响。分析结果支持了这一假设，文化适应状况是好感度的显著预测变量。$\beta=0.53$，$t（84）=5.68$，$P<0.05$，解释了好感度得分的27%（$R^2=0.277$）。这说明，文化适应状况越好的留学生，越有可能对中国文化产生整体上的好感。

文化适应状况包括心理适应和社会适应两个维度。心理适应以个人面对压力、应对压力为背景，反映个体在心理、情感上的适应程度；社会适应与个人的社会学习模式有关，指个人是否具备足够的能力去适应新文化环境。基于上一个结论，我们假设心理适应和社会适应都会对好感度产生正向的影响，因此分别完成了以好感度作为因变量和以心理适应和社会适应作为预测变量的回归分析。结果显示，社会适应状况是好感度的显著预测变量，$\beta=0.57$，$t(84)=6.00$，$P<0.05$，解释了好感度得分的32%（$R^2=0.321$）；心理适应状况也是好感度的显著预测变量，$\beta=0.24$，$t(84)=2.23$，$P<0.05$，解释了好感度得分的5.6%（$R^2=0.056$）。社会适应和心理适应都与中国文化的好感度呈正相关。但两者相比，社会适应状况的影响较心理适应状况更大。这可能是因为留学生的心理适应状况与个人的经历高度相关，个人很容易将心理上的问题归结于自身内心的变化；而社会适应是就留学生在中国的社会经历而言的，所以社会适应上的问题会被归结为外部环境中存在的诱因，因此更有可能影响留学生对中国社会的看法和感受，进而影响其对中国文化的好感度。

此外，研究还探索了性别对适应状况、对中国文化好感度的影响。本研究对男性和女性的心理适应状况和社会适应状况进行了组间方差分析，结果显示，均不存在显著差异；对男性和女性对于中国文化的好感度进行了组间方差分析，结果显示，不存在显著差异。因此，可以推断性别不会影响东盟留学生的适应状况和对中国文化的好感度。但数据显示，男性和女性在对中国文化的归属感方面存在显著差异，$F(1,84)=4.51$，$P<0.05$，$\eta^2=0.05$。男性对中国文化的归属感均值为3.92分，远高于女性的3.50分，这可能是因为女性更愿意回到自己的家乡生活、结婚生子，男性则更愿意为了个人的长期发展而离开家乡，在外闯荡。

对留学生在华时长和对中国文化的好感度进行组间方差分析，结果显示，留学生对中国文化的好感度随着在华时间的增加呈现"V"字形变化。刚到中国不超过1年的留学生对中国文化的好感度较高；随着时间的增长，到3—5年时陷入低谷；大于5年的留学生对中国文化的综合好感度上涨至最高点。变化情况如图3—4所示。

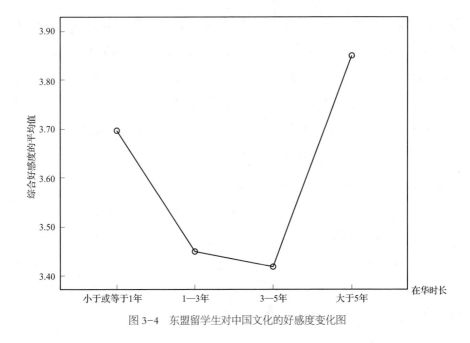

图 3-4 东盟留学生对中国文化的好感度变化图

第三节 访谈结果分析

此次访谈的对象是东盟十国的来华在读留学生，受教育情况主要为中国大陆高校在读本科生和研究生，涉及的专业有传播学、广告学、教育学、经济学等。此次访谈对象的选择方式是具备条件的留学生自愿报名参加，访谈时间是 30 分钟左右。访谈的主要方式是线上语音访谈，由于受网络环境和其他客观因素的影响，部分访谈对象采用书面形式访谈。所有访谈对象均积极配合，访谈在轻松愉快的氛围中进行，交谈内容不涉及敏感话题，言之有物，内容详实。

此次访谈的目的是了解东盟国家在华留学生的文化适应情况及其对中国文化好感度的影响。文化适应部分，主要涉及社会适应和心理适应两个方面的内容。针对社会适应情况，我们设计了学业情况、社交情况、生活情况等相关问题与访谈对象进行深入交流；针对心理适应情况，我们设计了心理状态自我评价、压力情况描述、在华生活遇到的困难及解决情况等方面的问题与访谈对象进行交流。针对中国文化好感度情况，我们设计了对中国文化的了解程度、来华前后对中国及中国文化态度的转变情况、对目前在华生活的满意度评价以及未来打算等相关问题，以对其好感度进行了解和评价。

此次访谈加深了调查者对东盟国家来华留学生对中国文化适应程度及态度等方面的了解，获得了丰富的关于东盟国家来华留学生的文化适应状况的一手资料。关于此次访谈的结果，总结分析如下。

一、文化适应状况分析

总体来说，所有接受访谈的东盟国家来华留学生的文化适应情况良好，不存在由于文化冲击而无法适应在华学习或生活的情况。

（一）社会适应
1. 社会适应的生活方面
访谈对象的社会适应情况比较好，表现在可以适应中国的饮食、气候和生活习惯以及日常生活方式。部分访谈对象面临的主要问题是存在语言障碍，没有办法在中文环境中流利表达自己的需求和想法。有的访谈对象会直接寻求他人的帮助；有的访谈对象会在互联网上寻求帮助；还有的访谈对象羞于向周围的中国朋友寻求帮助，会选择向和自己一样同为外国留学生的群体寻求帮助。一位来自马来西亚的留学生在访谈中表示，自己遇到了一些生活方面的困难。比如说想要去参观北京的一些小的园林，但由于护照在网上没有办法预定门票，所以必须去现场购票。他认为这种情况对留学生来说很不方便，对他的课余生活也造成了一定的困扰。

2. 社会适应的学习方面
几乎所有的访谈对象都表示自己面临的压力主要来自学业。
首先是来自同伴的压力。不止一位访谈对象在访谈中表示，自己周围的中国同学对待学习态度非常认真，学习非常刻苦和努力。这给他们带来很大激励的同时，也带来了很沉重的压力。有一位来自马来西亚的访谈对象说，周围的中国同学不仅在学习上表现非常优秀，而且课外表现也非常突出，在兼顾学习的同时还能参加很多课外的学生活动，这是自己做不到的。一位越南的访谈对象表示，由于留学生和中国学生的入学要求不同，但是入学后要学习的课程完全相同，她觉得课程难度很大。但是她不愿意听到老师在课堂上提到"留学生"三个字，因为不愿意被老师差别对待。这对她来说是很大的困扰。

其次是学业本身的压力。大多数参加访谈的留学生每周用于学习的时间超过10个小时。访谈对象面临的主要困难是学业本身的难度很大，自己在知识体系的融会贯通、知识的积累和灵活运用上面存在一定的问题。一位来自新加坡的访谈对象表示，和中国学生上一样的课程，周围的中国同学对知识了如指掌，但是对自己这样的留学生来说，这些知识掌握起来就很困难。尤其是对中文水平不太高或者没有中文基础的留学生而言，要完成课程和作业难度会更大。一位来自越南的留学生在访谈中表示，很多课程和实习安排存在不完善、不成熟的地方，不同的老师对留学生的态度也不尽相同，但都很严格。所以总体上来说，留学生的学业压力很大。

最后是由教育环境改变带来的压力。在参与访谈的留学生中，少数人接受过中国大陆的中小学基础教育，大多数在海外或中国台湾完成大学、研究生之前的教育。不适应中国课堂的教学方式、中国高校的学习模式和考察模式，也是造成留学生压力大的重要原因之一。一位来自新加坡的访谈对象说，中国的研究生学习环境很紧张，学习任务比较重，周围的同学都埋头苦读，跟自己以往接触到的学习氛围差别很大，有些不习惯。

受访留学生们采用的缓解这些压力的方式有：看剧、打游戏、和中国同学交流沟通、和朋友们出去玩。面对学习上存在的压力，部分访谈对象的解决措施是和老师沟通交流；部分访谈对象的解决方法是花更多的时间钻研课堂的内容，调整自己的学习方式和学习态度，来适应比较高的课业要求。

3. 社会适应的社交方面

绝大部分的访谈对象表示，自己的社交对象主要集中在和自己具有相同留学背景的群体中。部分访谈对象表示，自己对于结交和自己国籍不同的朋友持积极主动的态度；但是部分访谈对象表示，在结交异国朋友方面自己并不热衷。

愿意主动结交和自己不同国籍朋友的访谈对象认为，这在一定程度上有助于融入中国学生和外国学生群体，主要是在学业上和课外活动中能跟其他国家的同学建立友好的关系，互相帮助，促进相互间的友谊。一位来自马来西亚的访谈对象表示，自己对此秉持的态度是"抱着发现差异、理解差异和化解差异的想法"，尽可能多地去和外国学生交流和接触。他经常主动参加学长的访谈、问卷调查等交流活动，为他们的相关学术研究提供帮助。在这个过程中，他也进一步增进与中国学生的沟通和交流。

不愿意主动结交和自己不同国籍朋友的访谈对象认为，自己无法融入中国学生群体。接受访谈的留学生的成长环境大都比较复杂，有的留学生来自跨国家庭，父母中的一方是华裔或者父母来自不同国家；有的留学生是移民家庭，父母双方均是华裔；有的留学生父母均不是华裔。但是几乎所有访谈对象均表示，自己无法完全融入目前学习生活中接触到的其他群体，哪怕是具有中国文化背景的华裔留学生，也和中国学生群体之间存在隔阂。绝大多数访谈者表示，和中国学生的接触仅限于和学习相关的合作，但是在课余生活中的深入交流很少。有海外教育背景的留学生在访谈中说，中国学生群体的整体性格不是特别热情外向，经常专注于自己的学业和生活，不会主动接触留学生群体；他们与学校中的非中国学生群体，即其他留学生群体，由于语言、文化、生活方式上的差异，也难以建立比较亲密的关系。

总体来说，虽然大多数访谈对象表示，在留学生活的社会适应方面都或多或少遇到过不同程度的问题和挑战，但是整体上，对留学生活的适应状况是良好的。参加访谈的留学生都在通过自己的努力，去更好地解决自己在学习、生活中遇到的困难、增强自己的适应能力、提高自己的留学质量、丰富自己的留学生活。

（二）心理适应

总体来说，接受访谈的留学生的现阶段心理适应状况良好。对于学习、生活中由于不适应造成的情绪低落等心理状况，持续时间不会太长，经过一段时间的磨合和适应，具有焦虑、郁闷等心理状况的访谈对象会随着问题的不断解决、适应度提高而缓解，逐步恢复至健康的状态。

在有过消极心理体验的留学生中，心理适应不良的状况主要集中在来华学习的最初一段时间。很多访谈对象表示，在刚到新的环境时，面对很多学习环境和生活环境上的不适应情况，自己会时常情绪低落。比如，一位越南留学生在访谈中表示，自己来华的第一个冬天很艰难，对于气候和饮食方面很不适应。一位来自马来西亚的访谈对象表示，由于学业任务多、学习压力大，自己没有时间按照既定的计划去中国的其他地方旅行，因而会觉得有点郁闷。还有访谈对象表示，上海的生活节奏很快，周围的人都行色匆忙，身处这种环境中，他们没有充足的时间进行社交，因而很难结交新的朋友，因此留学最初的一段时间时常感到孤独。部分留学生还表示，寻求身份认同遇到困难也是产生孤独感的重要原因。一位新加坡的留学生在访谈中说，留学生的身份同样限制了自己完全融入中国学生的群体，这种由于无法获得群体认同感和归属感而产生的孤独情绪，在心理上给她造成了一定的影响。

但也有部分访谈对象在访谈中表示，自己的心理适应状况很好，几乎不会有特别大的情绪波动。这类心理适应状况较好的留学生，一般具有一定的在华生活、学习或者旅行的经历，或者成长于华裔家庭，因而和中国的心理距离不是那么遥远。一位来自新加坡的访谈对象说，在留学的第一个学期，自己除了学业，还要兼顾一份实习工作，虽然觉得有点儿累，但是主要的感受是充实，觉得自己收获了很多。一位来自马来西亚的留学生也在访谈中说，由于自己曾经多次来中国的不同城市旅游，体验过中国的生活方式，了解中国的文化特点，所以在留学生活中对于饮食起居方面没有任何不适应的地方。他还特别提到，由于目前留学在读的学校在北方，之前自己主要游玩的城市在南方，因而能够很明显地感受到中国南方和北方的差异，虽然体验不同，但是对于自己来说，这是"另外一种亲切感"，完全不会有任何心理层面上的不适。

此外，也有部分留学生在采访中表示，自己同时具有积极和消极两种心理体验。产生积极心理体验的原因是，能在留学生活中接触到新鲜的人和环境，享受到独立生活的自由和愉悦；产生消极心理体验的原因是，需要独自面对和解决生活中的诸多困难和挑战。

总的来说，在接受访谈的留学生中，来自学业和生活适应上的挑战和压力是造成访谈对象心理状态变化的主要原因。但是这种心理状态的变化是动态的，会随着时间和适应度的改变而逐渐往更好的方向发展。几乎所有的访谈对象在接受访谈时对于自己现阶段的心理状态的描述都是积极的、肯定的，都表示会在未来的学习与生活中更加努力地适应和解决面临的问题和挑战，以更为开放和包容的态度面对学习与生活中存在的差异，享受自己的留学生活。

二、对中国文化的喜爱度分析

总体来说，此次参加访谈的东盟国家留学生在来华之前都对中国及中国文化有不同程度的了解，主要有以下三种情况。第一种情况是，部分受访对象成长在华裔家庭，虽然生活在海外，但从小在中文环境中长大，这类留学生对中国文化的了解程度最深。第二种情况是，家庭构成比较复杂，在海外出生，但是在中国生活或学习过，时间长度不等。这类留学生对中国文化比较了解，也比较适应和熟悉中国的生活环境。第三种情况是，出生和成长在海外，家中没有华裔亲属，但是通过书本、网络和电视等媒介了解过中国，在来华之前对中国有一定的初始印象。这类留学生对中国文化的了解程度最低。

首先，在来华后对中国的态度和感受的变化方面，受访对象均对中国近年来的发展速度和成就表示肯定，尤其是对科技的发展为生活带来的便利感到非常惊讶。一位来自马来西亚的留学生在访谈中说，2012 年、2014 年来中国的时候，还没有觉得变化很大；但是 2016 年和 2017 年再来中国的时候，就觉得中国变化很大了，发展很快，尤其是在信息技术方面发展特别快，生活非常便利。也有访谈对象提到了手机支付的便利，认为这种生活方式上的改变中国是领先于其他国家的。一位来自新加坡的访谈者说，自己没有想到中国的交通会那么方便，火车可以连接不同的城市。但是这位新加坡的留学生也表示，在公共清洁卫生方面，中国和新加坡相比还有一定差距，自己在这方面不太适应。

其次，在文化方面，绝大多数访谈对象表示，自己国家的文化和中国的文化相似程度很高，没有觉得中国文化会给自己的认知带来较大冲击，能够很好地适应和理解中国文化的特点。这些特点包括中国南北方在文化上的差异、中国人的思维模式，以及教育环境等。

但是几乎所有访谈对象都认为，虽然中国文化和自己国家的文化相似，但还是有具体细节上的不同。比如，来自马来西亚的留学生表示，在马来西亚，人们对于庙宇、祭祖等方面的文化传统更为看重，几乎每个家庭都会供奉自己的先祖。一位来自新加坡的留学生表示，中国文化比新加坡文化纯粹，新加坡文化很多元，而且西化也比较严重。说起中国文化一般会提到中国的传统文化，说起新加坡文化，一般会提到城市文化、饮食文化这种比较现代的文化，他认为这也是文化上很明显的区别。

此外，不止一位访谈对象表示，中国人的社交文化和自己国家的社交文化有很大区别。中国人比较内敛，和陌生人比较疏远，通常不会主动和不熟悉的人深交；但是自己国家的人比较开放、热情，在结交朋友方面，非常积极和主动。最后，部分访谈对象表示，来华之前对中国及中国文化有一定的刻板印象。比如，一位泰国留学生表示，在不了解中国文化的时候，认为中国人比较严肃、纪律性较强，认为中国人会在面对一些特殊问题的时候不够客观。来中国留学以后，他发现中国人日常生活比较轻松，在交流上几乎没有问题。总的来说，大部分留学生来华生活和学习一段时间之后，对中国及中国文化的了解会更加深入，也更加能够理解中国人行为方式背后的文化原因。

此次访谈设计了一些具体问题来判断和推测受访对象对中国文化的态度。在来华留学的原因方面，部分访谈对象表示，之所以选择来中国留学，是因为中国学校提供的奖学金非常丰厚；还有部分访谈对象表示，选择来中国留学是因为自己的职业规划更适合在中国发展；也有部分访谈对象表示，选择来中国留学是因为学习和了解过与中国相关的事情，并且非常喜欢中国文化，想要了解更多和中国有关的事情、结交更多的朋友。

我们还询问了访谈对象的未来打算。部分访谈对象说，有了在中国的留学经历，更希望以后能有机会留在中国工作；还有访谈对象说，对于自己的职业规划，还需要更多地体验中国的工作环境，才能决定今后的发展选择；另外有访谈对象表示，自己可能不会选择留在中国，一部分访谈对象给出的原因是中国的工作环境竞争压力太大，同样的岗位竞争人数太多，待遇和报酬远远不及自己国家优厚。

为了判断访谈对象对中国文化的好感度，我们在访谈中询问了访谈对象是否愿意对他人讲述自己在中国留学的经历，以此判断他们对中国文化的心理认同感。绝大部分访谈者表示，自己很愿意和家人、朋友分享在华留学的经历。并且不少访谈者说，自己很愿意推荐身边有需要的朋友来中国留学，主要的原因是中国的发展迅速，生活更加便利，而且也有更多更好的发展机会。但是也有不少访谈对象在访谈中说，在某些情况下不会分享自己在中国的留学经历。一位来自马来西亚的留学生说，和别人分享需要看场合，大多数场合是愿意的，但是自己的一些朋友会很介意，所以可能就不会和他们分享这方面的事情。另外一位来自越南的留学生也表示，分享会注意对象，自己不会主动和对中国抱有成见的人分享自己的留学生活。

从以上的访谈内容来看，所有的访谈对象都能对自己经历和体验到的中国文化持相对客观的态度。大多数参加访谈的留学生对中国文化抱有好感，对中国文化和自己国家文化的差异持包容心态，愿意主动结交中国的朋友、和家人及同胞分享在中国的留学经历，并且在自己未来的规划中，也会考虑在中国发展。部分访谈者表示，通过自己在中国的学习和生活，改变了之前对中国的一些刻板印象，并且很愿意在今后的生活中，更多地去发现和了解中国文化的特点和魅力。因而，总体来说，我们认为，此次访谈的参与者对中国文化的好感度较强。

通过对访谈内容的梳理和总结，从访谈对象的社会适应和心理适应两方面的情况可以推断，参加访谈的东盟国家留学生的文化适应程度总体比较好。随着对中国的文化氛围和生活、学习节奏的更加适应，他们对中国文化的理解也逐步加深，来华之前存在的某些与中国相关的刻板印象也逐步发生了转变，在对中国文化的认同感得到提升的同时，对中国的归属感也进一步提升。因而，我们可以推测，随着留学生们文化适应程度的提高，他们对中国文化的好感度也逐步增强。

第四节　跨文化管理策略

一、完善高校培养制度，帮助东盟国家留学生在中国的长期发展

问卷调查的结果显示，东盟留学生面对的最突出的压力是学业上的压力。在进行深度访谈的过程中，笔者了解到东盟留学生在学业上存在很大的困难。留学生在申请学校时，目标学校的考核标准和门槛都比较低，但在进入学校后，要和中国学生一起学习同样的课程内容，难度和入学考试的难度完全不接轨。此外，和中国学生相比，留学生起点较低，但衡量学习成绩的标准是一样的，所以留学生需要付出比中国学生更多的努力。部分留学生认为这不公平。

此外，调查问卷显示，26.7% 的东盟留学生不认同中国人平等地对待外国人。在深度访谈中，也有较多留学生反映课堂完成小组任务时，有很多中国学

生出于成绩或者沟通方面的考虑，不愿意和留学生组队。因此，东盟留学生在完成需要组队的学习任务时，往往处在劣势地位，会经历很多尴尬情况。愿意引导留学生、主动提供帮助的教师也只是一部分，很多教师对留学生和中国学生完全"一视同仁"，缺乏关怀和帮助。个别学校会对留学生给予成绩上的优待，但并没有成为主流或者一种惯例。但需要注意的是，"留学生"这一身份本身具有一定的敏感性。在访谈中，部分留学生表示，不愿意被贴上特殊的标签，排斥被以留学生的名义给予特殊对待，宁愿自己默默努力。

此外，培养计划中的实习项目也存在问题。如果留学生希望在毕业后能够留在中国工作，就需要在中国找到实习单位，开展社会实践。但实际上，因为留学生的签证存在限制，他们很难在中国自行找到实习单位，往往需要学校的帮助，而愿意提供帮助的学校并不多。因此，很多留学生最终还是选择回本国实习。鉴于在毕业后希望能够在中国工作或学习的东盟留学生人数达半数，缺乏对校园以外的中国社会的全方位的观察实践可能会限制他们未来的选择。

从上面提到的三个问题可以看出，当前高校的留学生培养制度存在缺陷，各高校的培养目标、对留学生的要求和能够提供的帮助并不明确，并且各高校之间缺乏统一性。随着东盟国家留学生来华人数的增多，高校需要进一步完善东盟国家留学生培养制度，明确对东盟国家留学生在学业上的帮扶政策，帮助东盟国家留学生适应学校生活。并且需要考虑东盟国家留学生毕业后在中国发展的问题，针对东盟国家留学生开展有特色的职业教育，帮助他们实现在中国长期发展的目标。高校教职人员作为和留学生密切接触的人员，也需要提升沟通协调能力，避免课堂中出现矛盾和冲突。

二、提供平台促进交往，增进东盟国家留学生与中国学生的交流

问卷的调查结果显示，东盟国家留学生群体中存在人际关系敏感的问题。20.9%的东盟国家留学生认为人们对自己不友好，不喜欢自己；31.4%的东盟

国家留学生感到别人不理解、不同情自己。东盟国家留学生在人际交往方面也存在问题。在进行深度访谈时，很多留学生都表示，存在人际交往上的压力，尤其是在研究生群体中，具体包括"平时交流的人群限于课堂上认识的同学，话题也仅仅是围绕学习内容""没有认识新的朋友，感觉大家都比较忙""和同学上课时的交流比较好，但下课之后不会交流很多，因为有距离感"。并且留学生之间按照国籍形成的小圈子也比较多，不容易融合。

鉴于这种情况，学校除了关注东盟国家留学生学业上的培养，也应该提供交流平台，促进东盟国家留学生和中国学生的交往。学校在帮助东盟国家留学生更好地融入学校的人际交往环境的同时，应鼓励中国学生参与和东盟国家相关的社会实践活动或研究项目，增进中国学生对东盟国家文化及社会情况的了解，这有利于为中国学生和东盟国家留学生的互动和交流创造一定的文化认同基础。

三、关注东盟国家留学生情绪适应情况，完善高校留学生心理疏导机制

此次调查所涉及的东盟国家留学生群体在心理适应方面的压力主要来自学业压力和经济压力两个方面。此外，调查结果显示，绝大部分东盟国家留学生在融入中国学生群体方面有一定的困难，对中国学生群体普遍存在一种疏离感和不信任感，甚至部分亚裔留学生在身份认同和群际交流方面也存在困惑。因而，人际关系也是造成东盟国家留学生情绪低落、压力较大等心理不适状况的重要原因之一。

因而，我们认为，关注东盟国家留学生的情绪适应情况、完善高校留学生心理疏导机制是改善留学生文化适应状况的重要举措。首先，学校应该设立相关心理疏导部门关注留学生的心理适应状况，尤其是在留学生来华最初的一段时间内，应对情绪波动较大的留学生积极进行心理疏导。其次，应安排中国学生与留学生进行点对点的帮助和引导，帮助留学生更快地适应和融入中国学生

群体，以增强留学生对中国学生的信任程度，这有助于提高留学生对中国文化环境的归属感。

四、扩大东盟国家留学生对中国文化的接触面，帮助留学生多维度理解和认同中国文化

此次发现，来自东盟国家的留学生对中国文化以及中国发展的相关情况并不完全陌生。通过访谈结果分析可以看到，受地理环境和历史文化等因素的影响，东盟国家和中国有较为相似的文化，因而大部分接受访谈的留学生表示，自己在来华前对中国文化已有不同程度的了解，对中国文化没有较大的"心理距离"。但与此同时，不少访谈对象也表示，对中国以及中国文化存在某些"刻板印象"，对中国文化的理解和认同受到既有认知框架的限制，具有一定程度的局限性和片面性。此外，不少接受深度访谈的留学生表示，来华留学之后，由于学业上面临较大压力和诸多困难，因此被迫减少了外出社交、旅行等进一步探索体验中国社会生活的时间。这对改变东盟国家留学生对中国的刻板印象、增进对中国文化的亲切感、提升对中国文化的好感度，有不利影响。

因此，我们认为，要增进东盟国家留学生对中国文化的好感度，扩大留学生在华留学期间对中国文化的接触面，增进其多维度、全方位了解中国文化的特点具有重要意义。例如，学校在设计留学生课程的同时，应对留学生学习之余的社会实践和实习也进行合理的规划与安排，为留学生创造多样化的留学经历，预留更多社会探索空间，帮助留学生更多地接触和融入中国社会环境，亲身体验和经历中国文化产生的社会基础和实践基础，以增进留学生对中国文化、中国模式乃至中国道路产生的现实基础的理解和认识。

综上所述，我们可以发现，东盟国家留学生对中国文化的好感度受到其文化适应状况的影响，文化适应状况越好的留学生，越有可能对中国文化产生整体上的好感。在本研究中，我们将文化适应状况分为社会适应状况和心理适应

状况两个方面来考察。通过对问卷数据进行分析并结合深度访谈的内容，笔者发现，社会适应和心理适应都对东盟国家留学生对中国文化的好感度产生正向影响；但两者相比，社会适应状况对文化好感度的影响比心理适应状况的影响更大，即文化适应中，社会适应状况越好的东盟国家留学生，对中国文化的好感度会越高。针对这些结论，我们从心理层面的适应和社会层面的适应分别提出了一些具体的建议及措施，以缓解东盟国家留学生在华留学生活中可能会遇到的不适，从而提高留学生们的总体文化适应水平，以增强其对中国文化的认同和喜爱。

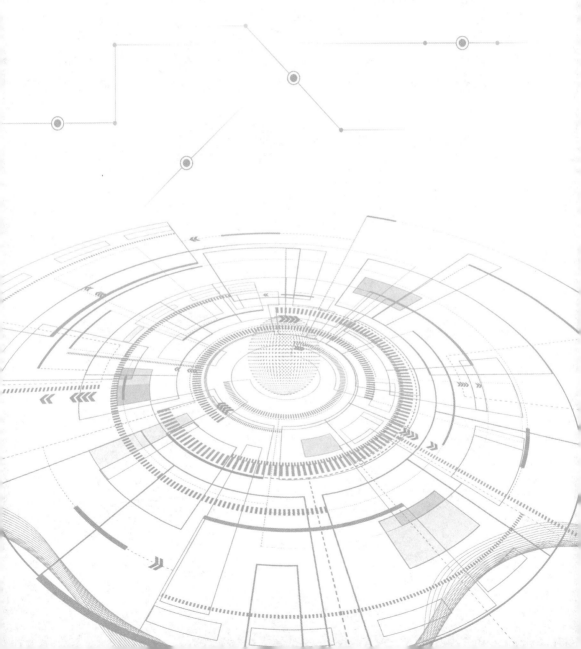

传播篇

第四章
中国服装本土化营销策略对泰国消费者购买意愿的影响研究

如今，世界经济一体化发展迅速，企业国际化成了必然的趋势。跨境电商借助多种合作模式，基本渗入到全世界各产业领域。跨境电子商务不仅冲破了国家间的障碍，使国际贸易走向无国界贸易，而且极大地促进了全球经济的发展。跨境电商在跨国经营中，由于地理环境与文化背景的不同，不可避免地会面对与本国文化大相径庭的异域文化，并产生文化分歧。当企业选择将产品通过跨境电商平台销售时，必须应对跨文化交际管理难题，当产品进入跨境电商平台后，在进行跨文化交际时必然会涉及多种合作，故而研究当地消费者的产品需求对企业也极为重要。

泰国是东南亚第二大经济体，人均国内生产总值位列东亚三强之一。泰国政府提出 2015—2022 年投资 30 亿泰铢，加快互联互通基础设施建设；2016 年提出的泰国 4.0 战略为泰国电子商务的发展提供了良好机遇。目前，泰国互联网进一步发展，移动通信普及，网上零售市场巨大的消费潜力日益显现[1]。作为"一带一路"倡议的一部分，中国企业陆续开展跨境业务，不断推进国际合作，中国商品迅速通过泰国跨境电子商务渠道进入泰国市场[2]。其中，泰国八大

1　朱倩倩.中国跨境电商"在泰变泰"的跨文化营销思考［J］.中国管理信息化，2019，22（16）：163−164.

2　同上。

电商平台之一的 Shopee 于 2016 年为中国跨境卖家打造了综合跨境解决方案，提供流量、物流、孵化、语言、支付和 ERP 支持。2018 年，阿里巴巴集团再次增资 20 亿美元，对东南亚最大的电子商务平台 Lazada 的总投入达到 40 亿美元[1]。

在众多的产品中，服装是最能展现出消费者个人品位和审美的。服装成为我们身份、文化和社会规范不可或缺的一部分。澳大利亚悉尼大学的伊恩·吉利根（Ian Gilligan）说："服装使我们与其他物种、与自然分离。我们的衣着也表明我们属于某些社会和政治团体，这也使我们彼此区别开来。"[2]

随着跨境电子商务的出现，传统的对外贸易方式突然被打破。企业可以直接联系国外批发商、零售商和个人消费者，尽管时间和空间上的差异被迅速削弱，但文化差异总是很难避免的。

泰国电子商务协会的副总裁 Pawoot Pongvitayapanu 表示了对当前跨境电子商务状况的担忧，因为这将对现有的泰国公司产生影响。Pawoot 先生从 2019 年 10 月 11 日开始在 Lazada 进行商品和产品调查，他发现有 44.65% 的商品和产品是中国制造的。同时，据报道，通过 Lazada 和 Shopee 这两个泰国最大的在线购物平台销售的商品中，有 60% 至 70% 现在来自中国。这表明中国商品在泰国消费者中受欢迎的程度。同时，东部经济走廊对该地区贸易的影响将很明显，交货时间更短，价格更优惠。对于消费者而言，这将是有益的，但是这将使成千上万的泰国公司和中间商处于多余状态，同时也给维持在线业务的现有泰国零售商带来了压力。

一直以来，从食品丑闻到伪造产品，大量有关中国产品的负面报道给中国产品的形象带来了负面影响，中国许多品牌都为此遭受损失。因此，在泰国市场上，"价格低廉""服务不完善""质量不高"等似乎成了泰国人对"中国制

---

1 朱倩倩. 中国跨境电商 "在泰变泰" 的跨文化营销思考 [J]. 中国管理信息化，2019，22（16）：163−164.

2 HOGENBOOM M. We did not invent clothes simply to stay warm [EB/OL]. http://www.bbc.com/earth/story/20160919−the−real−origin−of−clothes.

造"的定位，"中国制造"的品牌形象也未能尽如人意。[1]这些因素直接导致中国产品无法在泰国电商环境下高价销售产品。经过研究者初步观察，泰国电商Shopee 网上有大量发货地点显示为"外国"，也就是从中国服装卖家直接发货给泰国消费者的产品，付款后运送时间需要 7—20 个工作日。同时发现，部分在 Shopee 平台上的产品，有多家网店销售量是可观的，但是价格极低，甚至比泰国本地衣服便宜很多，衣服款式不新奇、单一，和其他同样是跨境服装网店的产品大同小异，甚至用的产品照片也相同。由于低价产品在电商市场上更容易受到消费者的青睐，卖家又是从境外发货，中间缺少把关人，平台也很难做到无条件退货，大多数消费者收到不满意的产品后都在评论区以"算了"的评论回应了不愉快的购买体验。

在中国跨境卖家加入后，泰国电商市场产品的价格被整体拉低。大多数中国服装卖家进入泰国电商平台后，为了销售更多的产品，疯狂降低价格，用低价销售低质量产品，最后消费者收到的产品出现质量低劣、货不对版、发货不全、物流慢等问题。

降低价钱吸引更多的消费者是卖家最容易做到的，但久而久之就变成市场越来越难做，出现白热化的竞争状态，最后卖家只能降低产品的质量和成本，这样直接导致泰国消费者形成中国产品的质量就是不好的认知，最后出现恶性循环。在研究者看来，大多数中国跨境卖家不了解泰国本土的文化习俗、社会价值观、审美观，也没从中研究针对当地消费者消费习惯的营销策略，同时更不知道如何正确地将自家的产品特征展现出来、如何使消费者认同中国产品、如何采取正确的销售方式获得消费者的喜爱。

泰国消费者的购物行为和中国消费者有很大的不同，他们除了从各电商平台上购物以外，还有大部分交易都是在社交媒体（例如 Facebook 或 Instagram等）平台上进行的。卖家把产品消息发到社交媒体上，消费者通过社交媒体与

---

1 林荷莉.海外消费者对"中国制造"的感知与评价——基于泰国的研究［D］.北京：北京邮电大学，2015.

商家咨询，通过文字聊天的方式了解产品信息，并且以聊天的方式讨价还价，经过社交媒体互动，通常都是以银行转账的方式完成购买。

大部分泰国消费者会将自己购买来的商品照片发到社交媒体上，与朋友或关注者分享商品的用途等。为了方便消费者搜索自己的网店以及更接近消费者，很多商家在社交网络上设立自己的品牌，线上交易也是他们主要的渠道。

在泰国电商平台上，只要产品描述详细、广告图漂亮、产品价格符合泰国目标消费群体的收入水平就有机会卖出去。部分专营中国服装的泰国本土卖家为了减少成本，会选择从中国进货，随后再针对泰国消费者的需求进行产品本土化营销。

基于此，本文以中国服装在泰国电商平台上的本土化策略对消费者购买意愿的影响作为研究课题，探讨专营中国制造服装的泰国本土卖家从中国进货后采取本土化营销策略（产品、价格、渠道、促销等）对泰国消费者购买行为的影响，了解品牌本土化营销策略对泰国消费者购买意愿的影响。基于研究结果，可以结合泰国消费者的需求来制定具有针对性的本土化营销策略，有效推动中国服装在泰国电商平台上的营销传播，帮助中国服装品牌制订合理的市场价格并塑造符合当地审美的品牌形象。

第一节　理论文献和研究设计

一、相关概念界定

（一）电商平台

2002 年，世界贸易组织（WTO）在其关于电子商务的特别研究报告中将电子商务定义为："通过电信网络进行的生产、营销、销售和流通活动。不仅指互联网上的交易，还指所有利用电子信息技术来解决问题、降低成本、增加价值和创造商机的商务活动。"

电子商务研究专家李琪教授在《中国电子商务》中强调：客观上，电子商务有两种或三种定义，在各种内部因素影响下的定义是不同的。首先，广义的电子商务定义是指电子工具在商务中的应用。电子工具包括初级电报、电话、NII（国家信息基础设施）、GII（全球信息基础设施）和互联网。现代商务活动是从商品（包括实物和非实物、商品和商品化的生产要素等）的需求活动到合理、合法的消费除去典型的生产过程后的全部活动；其次，狭义的电子商务是指在技术高度发达、经济高度发达的现代社会中，掌握信息技术和商业规则，系统地使用电子工具，以商品交换为中心，高效率、低成本地从事各种活动的整个过程。

1. 泰国互联网用户现状

根据泰国统计局（NSO）每年发布的《家庭信息通信技术使用情况调查报告》，从 2015 年以来，泰国手机上网规模不断扩大，用户稳定增长。手机用户规模在 2015 年已经超越了 PC 用户。而在 2018 年，泰国互联网用户规模达 3850 万人，用户中使用手机上网的用户比例为 96.9%。使用台式电脑和笔记本电脑上网的用户比例继续下降，分别为 35.4% 和 13.5%[1]。

目前，泰国有 4750 万互联网用户，约占总人口的 70%。泰国电子交易发展局（ETDA）发布的《2019 年泰国互联网用户行报告》显示，Facebook Fanpage 是在线销售产品和服务的首选渠道，占 64.0%；其次是 Shopee，占 43.1%；Line 占 39.5%；Instagram 占 26.6%；Lazada 占 24.8%；Twitter 占 8.7%。同时，Shopee 是在线购买产品和服务的首选渠道，占 75.6%；Lazada 占 65.5%；Facebook Fanpage 占 47.5%；Line 占 38.9%；Instagram 占 21.8%；Twitter 占 5.7%[2]。

2. 泰国电商平台现状

大多数受访者选择通过 Facebook Fanpage 在线销售产品或服务，而通过 Shopee 在线购买产品或服务，这可能是因为通过 Facebook 进行销售比较容易，

1　泰国统计局.家庭信息通信技术使用情况调查［M］.曼谷：泰国统计出版社，2018.

2　泰国电子交易发展局.泰国互联网用户行报告［M］.曼谷：泰国电子交易发展出版社，2019.

并且可以覆盖目标受众。由于 Facebook 拥有超过 20 亿用户，因此可以通过多种方式传播广告以达到目标。电子商务平台 Shopee 则向不同的使用者提供不同商店的产品推销，Shopee 还经常有促销活动。消费者可以对商店的产品进行打分和评价，也可以查看别的消费者对店内产品的各种评论。消费者在使用平台的过程中可以轻易地获得其他店里相似产品的价格及描述，做到货比三家。同时，平台还有退货政策。

（二）本土化

"本土化"的本质是跨国公司把生产、销售、管理和人才整合到东道国经济中去[1]。一般说来，通过对当地实际经济、文化、生活习惯的综合研究和了解，作出一系列的综合调整。这种调整一方面使跨国公司的产品更加符合当地消费者的需要，另一方面也节省了海外企业派遣人员和跨国经营的高昂支出[2]。与地方社会文化的融合可减少外来品牌的阻力，促进东道国的经济发展，增加就业，加速国际一体化[3]。市场营销中本土化的核心思想是，公司的所有业务活动都是针对消费者的，而不是基于商家的偏好和习惯的。企业根据地区差异和当地消费者习惯及市场特点进行定位策略的调整，是企业努力融入目标市场，更好地融入当地市场，以适应环境，增加发展空间的策略[4]。"本土化"是一个过程，而非目标，它是一种改变，以适应当前环境。这个过程常常需要不断的调整才能达到最佳效果[5]。

1 李平.跨国零售企业本土化策略影响因素的实证分析［J］.商业经济研究，2018（17）：113-115.

2 SHOHAM A，ALBAUM G. The effect of transfer of marketing methods on export performance：an empirical examination［J］. International Business Review，1994，3（3）：219-241.

3 李雪欣，张正. LG电子中国市场本土化战略解析［J］.沈阳师范大学学报（社会科学版），2018，42（5）：55-60.

4 SHOHAM A. Global marketing standardization［J］. Journal of Global Marketing，1995，9（1/2）：91-119.

5 张东婕.奢侈品广告传播的本土化策略分析［D］.济南：山东大学，2017.

二、理论基础

(一) 4Ps 理论

伴随着营销理论的不断进步，各种各样的营销策略随之出现，但是其中最主要的还是 4Ps 理论，4P 即产品（Product）、价格（Price）、渠道（Place）、推广（Promotion）。

4Ps 理论是麦卡锡于 1958 年提出的。这一理论在市场营销和时间管理中发挥着重要作用。到目前为止，4Ps 理论仍是一种经典的营销理论[1]。

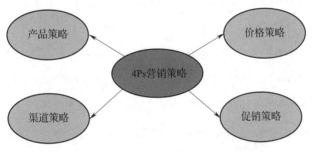

图 4-1　4Ps 营销策略

（1）产品策略。在考虑需求或解决实际问题时，产品是所有消费者都认为有价值的一个物品或服务。"产品"的概念包括有形产品和无形产品。产品包括三个层次：第一层次是满足消费者实际利益需求的基本产品；第二层次是实物产品，基本产品可以在造型设计、规格设置、配色、商品包装、质量和品牌等多个方面进行整合，形成实物产品；第三是集合服务和有形产品的层次。真正的产品构成了产品组合，通过过程、形式、质量保证、品牌价值等无形的手段提供给客户。消费者的欲望是无穷的，其对于产品的期望也在不断提升。所以，生命周期是每一个产品都拥有的，但不同产品的生命周期不同。企业必须

1　［美］菲利普·科特勒，等.营销管理［M］.王永贵，等译.上海：格致出版社，2009：78-86.

根据产品的实际情况，开发新产品以满足客户的需求。

（2）价格策略。价格会影响企业的相关收益以及用户对这一产品的评价。一个适度的价格自然是会受到用户偏爱的，并且还可以在市场上拥有更多的客户资源，他们会提高企业产品的声誉以及口碑，并且能够给企业带来更好的收益。但是随着市场的不断发展，以及竞争的越发激烈，产品的价格也不能是一成不变的。总之，各种因素都会对产品的价格造成一定的影响，所以企业要根据环境的变化来对产品做出一个合理的定价。

（3）渠道策略。销售的途径就是主要的渠道，同时这种途径也是值得进行相互联系的，它们都是通过主渠道致力于产品和服务的生产或使用。它由生产商和终端消费者组成，并且还包括各种各样的中间商。企业经常根据产品批量以及需要花费的时间、产品多样性和服务支持来进行决策。生产者需要对渠道的相关人员所承担的责任进行确认。所以对待每一位相关人员都是要有诚信的，使他们有利可图。用户能不能在规定的时间里面收到他们想要的产品便取决于渠道。它对于一些用户能不能再次进行回购以及能否吸引其他的用户也是有着很深远的影响的。由于电子商务的迅速发展，企业便可以直接与客户取得联系，并且可以直接进行交易，缩短了营销渠道，降低了相关的成本。

（4）促销策略。促销是企业与潜在客户通过人员促销和非销售的方式进行交流的活动和过程，在此过程中，消费者的欲望和购买行为都会得到刺激。促销的实质是沟通，而沟通是公司与消费者双方进行的，产品的信息由公司发送给消费者，消费者在收到信息以后，就会进行相关的考虑以及做出相关的比较来决定自己到底要不要买。如果消费者购买了产品，就意味着促销是有一定作用的；如果没有购买，那就意味着促销的作用并不明显。因此，我们需要采取一种新的方式来促进销售。通过这个过程，企业与消费者之间的联系得到了增强，实现了有效沟通。它在市场营销、吸引客户、完善产品等方面发挥着重要作用。[1]

1　张福德.电子商务概论［M］.北京：清华大学出版社，2004.

将 4Ps 理论与本土化的概念相结合，探讨本土化营销策略的效果具体涉及 4 个不同环节的本土化举措：一是产品本土化。不同国家和地区的产品存在差异，消费者的风俗习惯和文化等方面存在差异，同时产品需求也存在差异。[1]二是价格本土化。需要对市场进行重新细分和定位，由于不同市场之间的差异，跨国公司往往需要在重新细分市场和重新定位的基础上，认真研究目标市场的特点，对产品价格进行重新定位。[2]三是渠道本土化，即渠道的长度、宽度的选择要适应当地的社会环境和当地消费者的消费习惯。四是促销本土化。富有本土化色彩的广告宣传，对本地消费者会产生很大的亲和力，使消费者觉得自己是在消费符合自己原本生活习惯的产品，接受着自己所熟悉的民族文化，这样自然会形成一种认同感。

本土化营销的核心是在全球市场化过程中，跨国公司采取倾向于当地化的营销策略，力图融入目标市场，努力成为目标市场中的一员的一种营销策略。跨国公司的本土化应该着眼于本土市场的培育和品牌影响力的建设，适应瞬息万变的市场，促进跨国公司的发展。[3]

（二）原产地效应理论

1. 原产地形象概述

Schoolera 认为，同类产品出自不同的国家，则消费者对其的评价就会产生差异。而这些差异化的评价势必会影响消费者对产品的购买意愿，这是一种对国家形象的客观认知与描述。还有一种相悖的观点认为，原产地形象是消费者对于一个国家的刻板印象或是主观评价，这是一种主观认知与描述。关于原产地形象这个概念的定义，不同学者有着不同的见解。Han 等认为，原产地形象是一种观念，是消费者对特定国家的产品质量产生的观念。但是随着时代的进步、经济的全球化、产品多元化的发展以及消费者生活质量的提高，一个产品的研发、设计、包

1　王建国.国际营销中全球化与本土化问题研究［D］.合肥：安徽大学，2006.

2　刘雪元.跨国企业本土化难在哪里［J］.中国新时代，2013（11）：68-69.

3　王薇.跨国餐饮企业在中国的本土化营销策略研究［D］.北京：首都经济贸易大学，2014.

装、销售等环节往往不是在一个国家完成的，可能是在多个国家进行的，因此，不能说是某个单一国家的产品。通过前人的研究，本文同意张圣亮提出的观点：原产地形象是消费者对某一国家或地区的整体感知、评价和印象。

首先，由于在很多情况下，原产地形象是消费者对这一国家或地区的实际情况的评价，因此原产地自身状况会对原产地形象产生一定的影响。这些状况主要包括这一地区的自然环境与人文风光、民风民俗、科技与经济发展水平、政府相关制度、历史与文化价值以及其拥有的特殊资源与优势。其次，原产地形象可能是消费者接触相关企业或是购买产品后对这一国家或地区的认知与评价，因此，原产地企业及产品自身情况会对消费者产生一定的影响。这些情况主要包括企业经营与宣传情况、品牌影响力以及产品的品质与创新情况。最后，由于消费者对某一个国家可能主观上存在着一些偏见，因此也会影响其对原产地形象的感知。消费者的主观因素主要包括消费者对原产地的了解程度以及消费者的理性与感性程度。许多知名企业在进军国际市场之前，都会十分慎重地选择原产地，为了企业的长远发展考虑，都十分看重原产地形象的建设，一个好的原产地形象可以更快地被消费者喜爱和接受。

2. 原产地效应研究现状

Nagashima 最早提出原产地形象的维度划分，他认为原产地形象只有原产国或地区的形象这一个维度 [1]。中国学者刘志成将其分为两个维度：国家形象和产品形象。国家形象就是对特定国家的包括可描述性的、可以推测的信念之和，产品形象就是对某个国家或地区的特定产品的印象。[2] 之后，有学者在此基础上认为，原产地形象除了国家层面和产品层面之外，还受到特定产品因素的影响，即原产地形象存在三个维度。Parameswaran 和 Pisharodi 认为，原产地形象包括总体国家层次（主要是指国家的政治水平、政治制度以及历史文化等）、一般产品层次（主要是指该国或地区的产品的声誉以及它的价值）、具

1　NAGASHIMA A. A comparison of Japanese and US attitude toward foreign products [J]. Journal of Marketing, 1970, 34（1）: 68–74.

2　刘志成. "中国制造"在美国的原产地形象研究 [D]. 南昌：江西财经大学, 2008.

体产品层次（比如产品营销能力等）。

相关学者研究表明，单一维度不能够完全体现原产地形象，多种因素都会对原产地形象产生影响，因此，原产地形象的划分应该是多维度的[1]。并且学者对于原产地形象的划分足够抽象，可以涵盖多种不同的产品类别。原产地形象主要是指一个国家或地区的形象，是一个较为宏观的概念，但是宏观层面的维度也可以表现为涵盖产品方面的维度，比如一个国家的经济水平也可以表现为产品的创新性、工艺水平等。学者们对于原产地形象的划分主要分为宏观和微观两个方面，微观方面主要是从消费者感知形象角度出发，一些学者将这两方面结合起来分析了原产地形象对消费者的影响。国外学者 Han 和 Terpstra（1988）从消费者感知形象的角度，将原产地形象划分为五个维度，包括技术水平、威望知名度、工艺水平、价格和适用性[2]。

而中国学者主要从宏观方面对原产地形象维度进行划分。其中，具有代表性的观点如下：吴坚和符国群（2000）将原产地形象划分为四个维度，分别是自然、文化、经济发展水平和科技管理水平[3]。李东进和安钟石等学者（2008）构建了信效度十分良好的国家形象量表，从整体产品评价等六个方面探讨国家形象，并为国家形象的测量方面提供了有效的工具[4]。杨杰（2008）将原产地形象划分为三个维度，即政府治理形象、自然享赋形象和人口素养形象[5]。在以往研究的基础上，李东进和吴瑞娟（2010）将原产地形象分为三个维度，即国家

1 张圣亮.原产地形象效应及其相关问题探析——兼谈基于原产地形象效应的企业经营策略［J］.品牌研究，2016（2）：40-53.

2 HAN C M，TERPSTRA V. Country-of-origin effects for uni-national and bi-national products［J］. Journal of International Business Studies，1988，19（2）：235-255.

3 吴坚，符国群.原产地形象——一个国际市场上影响消费者选择的重要因素［J］.商业研究，2000（1）：78-80.

4 李东进，安钟石，周荣海，等.基于 Fishbein 合理行为模型的国家形象对中国消费者购买意向影响研究——以美、德、日、韩四国国家形象为例［J］.南开管理评论，2008，11（5）：40-49.

5 杨杰.区域形象量表的研制与效度检验：以安徽为例［J］.华东经济管理，2008，22（12）：33-38.

形象、人民形象和产品形象[1]。成荣敏（2012）将原产地形象划分为四个方面，包括自然禀赋形象、可持续发展形象、产品形象和社会公信形象[2]。

关于原产地形象对消费者影响的研究，国外学者 Morello（1984）认为，原产地形象可能会影响消费者的购买决策[3]。Han 和 Terpstra（1988）认为，原产地能够影响消费者对产品质量的感知，并在之后的研究中进一步指出，对不同国家的产品，消费者在总体感知上存在差异[4]。国内学者臣淑君（2007）针对笔记本电脑的调查研究显示，零部件生产国对产品质量的感知产生显著影响，品牌来源国和零部件生产国及品牌来源国和组装国交互作用，显著影响对产品质量的感知[5]。谢晓燕（2009）对服装品牌来源国和制造国效应进行研究发现，品牌来源国对消费者购买意向产生更大的影响[6]。刘畅（2010）在对中国奢侈品市场的研究中发现，消费者对进口奢侈品的态度和行为意向高于对国产奢侈品的态度和行为意向，主要原因是国产奢侈品不能为消费者提升面子[7]。王怡然（2011）以运动鞋为研究对象，发现当消费者受到品牌来源国效应影响时，品牌名称会影响消费者的品牌认同度和购买意向[8]。宋亮（2013）以汽车和电视为研究对象，发现制造国只影响质量感知，对消费者的购买意愿影响不显著[9]。杨双艳（2016）以婴幼儿奶粉为例，发现西化的品牌名称会让消费者产生更高感知，产品制造国会影响消费者的品牌感知，奶源地为新西兰的奶粉会让消费者

1　李东进，武瑞娟，魏善斌．地区形象对消费者购买意向影响研究——以天津和上海为例［J］．管理评论，2010，22（7）：67-75.

2　成荣敏．区域形象对其特色产品购买行为作用机理的研究［D］．长春：吉林大学，2012.

3　MORELLO G. Comparative research on the image of domestic and foreign products［J］．European Research，1984（12）：5-21.

4　HAN C M，TERPSTRA V. Country-of-origin effects for uni-national and bi-national products［J］．Journal of International Business Studies，1988，19（2）：235-255.

5　臣淑君．产品来源国对消费行为的影响研究［J］．上海：东华大学，2007.

6　谢晓燕．服装品牌来源国与产品制造国对消费者态度的影响［J］．北京：北京服装学院，2010.

7　刘畅．消费者国产和进口奢侈品行为意向研究［J］．上海：上海交通大学，2010.

8　王怡然．口碑营销策略分析［J］．经营管理者，2011（1）：225-225.

9　宋亮．消费者面对同一品牌的选择：国产或进口［D］．桂林：桂林电子科技大学，2013.

产生更高的品牌感知[1]。

综上所述，国内外学者对原产地效应进行了详细的分析与研究，取得了一定的成果，然而目前已有研究都是关注原产地形象对消费者行为的影响，却鲜有从改变产品原产地形象、实施本土化营销策略的视角研究其对消费者行为的影响，基于此，本文详细探讨中国服装本土化营销策略对泰国电商平台中泰国消费者行为的影响，对于丰富此方面的研究有着重要的意义。

（三）感知价值

关于感知价值的界定，学者们各抒己见。Zeithaml 认为，消费者感知价值是消费者整体衡量既得利益与损失后产生的主观感知[2]。Monroe 认为，感知价值是感知利得与感知利失之比，是消费者衡量产品质量或所得利益与支付价格后产生的感知利失之间的一种权衡[3]。 Anderson 等学者表示，感知价值与所购买的产品价格相对应，是消费者对产品购买过程这个整体的认知效果。这种认知的效果可以反映在许多方面，例如经济、社会福利、服务和技术[4]。而 Gale 认为，购买到的产品质量就是感知价值[5]。戈登·福克塞尔通过研究指出，感知价值是消费者使用产品并获得相应价值后发生的情感联系[6]。邓峰以服装为例研究得出，在网络购物模式下，价格、服务、质量、社会和情感是影响消费者感

1　杨双艳 . 品牌名称与产品制造国对消费者品牌感知的影响研究［D］. 上海：东华大学，2016.

2　ZEITHAML V A. Consumer perceptions of price，quality and value：a means-end model and synthesis of evidence［J］. Journal of Marketing，1988，52（3）：2-22.

3　GREWAL D，MONROE K B，KRISHNAN R. The effects of price-comparison advertising on buyers' perceptions of acquisition value，transaction value，and behavioral intentions［J］. Journal of Marketing，1998，62（2）：46-59.

4　ANDERSON E W. Customer satisfaction and word of mouth［J］. Journal Service Research，1998(1)：5-17.

5　GALE，B. Managing customer value：creating quality and service that customers can see［M］. New York：The Free Press，1994：192-193.

6　［美］戈登·福克塞尔，等 . 市场营销中的消费者心理学［M］. 何润宇，等译 . 北京：北京机械工业出版社，2001：34-36.

知价值的五个因素[1]。

综上所述，本文认为，感知价值是消费者获得商品或服务后，对付出的成本与获得的利益之间的主观感知权衡。消费者本身、消费者社会关系辐射网络、产品质量都影响着消费者的感知价值。作为终端使用者，消费者对产品的评价和使用情况也会反馈到产品当中，会影响该产品的口碑。总之，感知价值是消费者满意的前提，也是影响消费者购买意愿的重要因素，对于消费者的行为以及购买决策有至关重要的影响。

（四）消费者购买意愿

消费者购买意愿指的是购买者在进行消费时的购买动机的强烈程度。Mullet（1985）在研究中指出，购买者对于商品或者服务所持的意见，配合外在原因所起到的推进或者是抑制影响，共同形成购买者的消费态度。这一态度是消费者对于此商品的个性化认知，在市场预测当中极为关键。正是由于这种内外因素的共同作用，消费者会产生对商品的兴趣，在一系列活动的影响下，产生购买意愿。Dodds（1991）在研究中指出，消费者的购买意愿主要指的是消费者针对某一商品购买与不购买的比重，简而言之，则是消费者对于此商品是否进行购买的心理打算，即购买的可能性大小。魏永浩（2014）在研究中指出，人们购买意愿的大小与企业所展开的宣传活动有着较大的关联，购买意愿也就是消费者购买此商品的可能性，是可以被企业的行为所影响的[2]。田志龙（2017）指出，购买意愿主要指的是购买者在购买过程中针对某商品的购买概率之大小，概率大则意愿强烈[3]。

根据上述内容可以发现，研究者对于购买意愿的定义不尽相同，但是大多

1　邓峰.网络购物模式下顾客感知价值的构成研究［J］.商业经济研究，2015（30）：66-67.

2　魏永浩.品牌关系质量视角的企业微博互动对消费者购买意愿的影响研究［D］.北京：北京邮电大学，2014.

3　樊帅，田志龙.产品伤害危机下CSR策略匹配度对购买意愿的影响——基于消费者怀疑的中介作用［J］.经济管理，2017（8）：118-134.

数将其看作一种心理状态，同样也可表达为购买者最终是否进行消费的一种概率。本次研究也将消费者购买意愿看作消费者购买某商品或者服务的可能性大小。

三、研究内容与方法

（一）研究内容

本文主要研究泰国电商平台上服装网店销售中国服装时所采用的本土化营销策略对泰国消费者购买意愿的影响，分为三部分：

第一部分，对泰国电商平台上服装类商品销售现状的调查，通过问卷调查法和观察法，对泰国电商平台上服装网店销售中国服装时所采取的本土化营销策略进行调研。

第二部分，本土化营销策略对泰国消费者购买行为的影响的实证分析，将本土化营销策略分为本土化产品策略、本土化价格策略、本土化渠道策略、本土化促销策略四个维度，将感知价值作为中介变量，探讨泰国电商平台上中国服装本土化营销策略对泰国消费者购买行为的影响，并分析感知价值的中介作用。

第三部分，结合4Ps理论，从产品、价格、渠道、促销四个方面，基于前文对本土化策略效果的分析结果，对泰国电商平台上中国服装类产品本土化策略提出系列建议。具体研究框架见图4-2。

（二）研究方法

文章主要采用两种研究方法：观察法、问卷调查法。

观察法：首先，针对泰国目前的两大电商平台Shopee、Lazada，以及两大社交平台Facebook、Instagram，通过Google Forms调查管理应用程序将需要调查和搜集的信息归类后制成观察表单。其次，通过观察法获取各大平台上售卖中国服装的网店的相关信息，了解泰国电商平台上服装网店销售中国服装时所采用

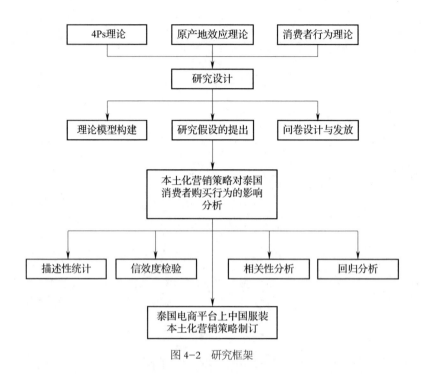

图 4-2　研究框架

的本土化营销策略的基本情况，如产品类别与风格、价格定位、销售渠道、发货地、促销推广方式与是否使用本地模特做商品代言人，将收集到的信息记载在观察表上，再根据得出的结论进行后续相关问卷设计。

问卷调查法：问卷调查主要分为两个部分，第一部分是对泰国电商平台上销售服装的卖家进行调查。

研究者通过使用 Google Forms 提供的调查问卷设计功能，向泰国电商平台 Shopee 和 Lazada 以及社交媒体平台 Facebook 和 Instagram 上的服装网店展开调查，选取标准包括：必须营业超过一年；在调查前的 1 个月内该网店定时更新相关商品信息；网店在平台上的关注者或粉丝专页点赞人数不低于 500人。累计发放问卷 131 份，回收有效问卷 131 份，问卷回收有效率为 100%。

第二部分是对泰国消费者的服装感知价值进行调查。在研究框架的基础上，根据各变量之间的关系，设计问卷，了解各平台上的服装网店在销售中国服装时所采用的本土化营销策略对泰国消费者购买意愿的影响。通过随机抽取的方法，任选 200 名在各电商平台上购买过中国服装的消费者，利用网络问卷的方式对其进行调查。

问卷包含四个部分：第一部分是用户特征，第二部分是本土化营销策略，第三部分是消费者感知价值，第四部分是消费者行为意向。通过运用 SPSS、Excel 统计软件来对问卷调查中获得的数据进行分析，主要包括信度效度分析、方差分析、相关性分析和回归分析，确定各变量间的关系以及对泰国消费者购买意愿的影响，最后根据得出的研究结论对前期的研究假设和模型进行检验。

1. 问卷设计

本研究主要基于已有学者的相关研究成果以及国内外文献中提出的量表项目，结合当前泰国电商平台上中国服装的本土化营销策略来设计测量量表中的题项。本研究的问卷调查题项采用了李克特五分量表法，回答选项设计为 1 到 5 分别是：非常赞同、比较赞同、一般、不太赞同、非常不赞同。

调查问卷中第一部分，了解泰国电商平台上购买中国服装的用户的基本信息，包括被调查对象的性别、年龄、受教育程度等，以及在泰国电商平台上消费行为的基本情况，包括线上购物频率、关注服装网店的渠道和线上购物习惯等，线上购物频率以次数为基准进行测量，关注服装网店的渠道和线上购物习惯以定性测量为基准进行调查。

第二部分，以 4Ps 理论为核心结合本文研究结论，同时，借鉴卡佳的《美国快餐企业在中国本土化营销策略研究》[1]，编制出泰国电商平台上中国服装本土化营销策略对泰国消费者感知价值影响的 12 个测量题项。第三部分，问卷调查中采用的测量消费者感知价值的方法，借鉴了郑文清和李玮玮（2012）[2]、宗红宝（2013）[3]、章敏和吴照云（2015）[4]、南光耀（2016）[5]、沈晓丽（2018）[6]、王

1　卡佳 . 美国快餐企业在中国本土化营销策略研究［D］. 沈阳：沈阳师范大学，2020.

2　郑文清，李玮玮 . 营销策略对客户感知价值的驱动研究［J］. 当代财经，2012（11）：80-89.

3　宗红宝 . 基于客户感知价值视角的中国品牌电脑营销策略研究［D］. 延安：延安大学，2013.

4　章敏，吴照云 . 住宅顾客感知价值量表的构建和检验［J］. 江西社会科学，2015（4）：231-235.

5　南光耀 . 微博营销对购房者感知价值及行为意向的影响研究［D］. 郑州：郑州大学，2016.

6　沈晓丽 . 基于客户感知价值的大客户营销策略研究——以 L 集团为例［D］. 宁波：宁波大学，2018.

晓梅（2020）[1]等人所选取的衡量消费者感知价值的维度，具体在本研究中为功能价值、经济价值、情感价值和社会价值，本研究设计了 13 个测量题项。第四部分，在对泰国电商平台上购买中国服装的消费者的购买意愿的测量中借鉴了 Dodds、Monroe 和 Grewal（1991）[2]，Boulding 和 Kara 等（1993）[3]，林薇（2009）[4]以及王晓梅（2020）[5]等专家的研究成果，分为三个维度，分别是考虑购买、重复购买、推荐购买，本研究设计了 4 个选项。

2. 理论模型构建

在针对泰国各平台上服装网店销售中国服装时所采用的本土化营销策略对泰国消费者购买意愿的影响的问卷调查中，本研究将对理论模型关系分析如下：中国服装在泰国各电商平台上所采用的本土化营销策略的相关因子（中国服装的本土化产品策略、本土化价格策略、本土化渠道策略、本土化促销策略）对泰国消费者的感知价值产生直接的影响；同时，中国服装在泰国各电商平台上的本土化营销策略间接影响各电商平台上的泰国消费者对中国服装的购买意愿；消费者在各平台上不同的感知价值及影响关系的强弱对中国服装消费者的购买意愿产生直接影响。

中国服装本土化营销策略及其相关因子为自变量，它直接影响服装消费者的感知价值，并通过服装消费者的感知价值影响服装消费者的购买意愿；服装消费者的感知价值及相关因子为中介变量，而服装消费者的购买意愿为因变量。三者理论模型见图 4-3。

1　王晓梅.消费者品牌对购买意愿的影响：基于消费者参与及顾客感知价值的中介效应［D］.杭州：浙江大学，2020.

2　DODDS W B, MONROE K B, GREWAL D.Effects of price, brand, and store information on buyers product evaluations［J］. Journal of Marketing Research, 1991, 28（3）: 307-319.

3　BOULDING W, KALRA A, STAELIN R, ZEITHAML V. A dynamic process model of service quality: from expectations to behavioral intentions［J］. Journal of Marketing Research, 30（1）, 7-27.

4　林薇.基于消费者感知价值的消费者行为意向研究［D］.西安：陕西师范大学，2009.

5　王晓梅.消费者品牌对购买意愿的影响：基于消费者参与及顾客感知价值的中介效应［D］.杭州：浙江大学，2020.

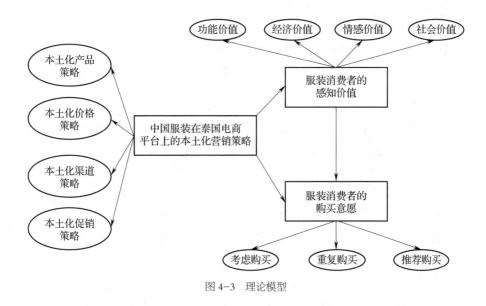

图 4-3 理论模型

3.研究假设

影响消费者购买意愿的因素一直都是研究的重心。在最近的研究中,人们认为,对购买意愿造成影响的营销因素是多样的,如 4Ps 理论中的产品策略、价格策略、渠道策略、促销策略。而本土化营销是如今国际化经营管理研究的一个重要课题。对于跨国经营企业来说,只有针对不同的文化背景以及经济形势,制订出适合自身发展的本土化营销策略,才能够在跨文化销售中居于有利地位,也才能在全球化经济发展的浪潮中处于不败的地位。泰国电商平台上的泰国卖家在销售中国服装时,势必要充分考虑泰国本地的文化背景以及消费者的消费观念,从而制订出符合泰国消费者需求的产品策略、价格策略、渠道策略、促销策略,以获得更好的发展。本土化营销与传统营销不同,它不再采取强行灌输的形式,而是对营销内容进行本土化开发设计,从而更好地满足人们的需求。基于此,本文提出以下假设:

H1:泰国电商平台上中国服装本土化策略对消费者感知价值具有正向影响。

H1-a:泰国电商平台上中国服装产品本土化策略(产品品牌、产品详情、产品风格)对消费者感知价值具有正向影响。

H1-b:泰国电商平台上中国服装价格本土化策略(定价策略、折扣)对消费者感知价值具有正向影响。

H1-c：泰国电商平台上中国服装渠道本土化策略（产品的发货地、在线销售平台）对消费者感知价值具有正向影响。

H1-d：泰国电商平台上中国服装促销本土化策略（展示图、明星或网红推广、模特）对消费者感知价值具有正向影响。

H2：消费者感知价值对消费者购买意愿具有正向影响。

H2-a：功能价值对消费者购买意愿具有正向影响。

H2-b：经济价值对消费者购买意愿具有正向影响。

H2-c：情感价值对消费者购买意愿具有正向影响。

H2-d：社会价值对消费者购买意愿具有正向影响。

第二节　泰国电商平台上中国服装本土化营销策略

本文选取 131 家目前在泰国电商平台上销售服装的网店，其中专营泰国本土服装的网店有 67 家，专营中国服装的泰国本土服装网店有 64 家，总共对 131 名网店店主进行问卷调查，同时，使用非参与式观察了解泰国电商平台上中国服装本土化营销策略的现状。

一、产品策略调查结果分析

（一）服装生产地

初步调查泰国电商平台上服装网店所售服装的生产地得知，有 67 家服装网店所售服装的生产地为泰国本地，有 56 家服装网店所售服装的生产地为中国，还有 8 家服装网店同时销售泰国和中国生产的服装。相对来说，销售泰国本地生产的服装的服装网店要多一些，这样的方式比较便利，且可以降低进口成本及风险。同时一部分服装卖家选择从中国直接进口服装到泰国电商平台上销售，这样做的主要原因是产品成本低、衣服款式多样化。

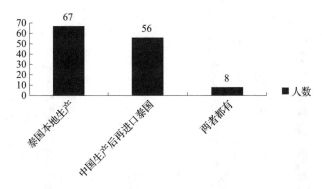

图4-4　泰国电商平台上服装网店所售服装的生产地

（二）服装用途

通过调查泰国电商平台上服装网店的服装用途得知，有119家服装网店销售休闲服，有74家销售工作服，还有的网店销售晚宴服、泳装、睡衣等。这说明，泰国电商平台上的服装网店销售的服装用途较为广泛。

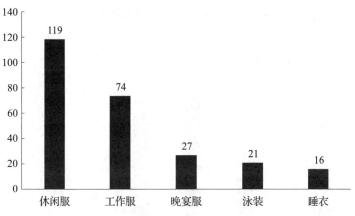

图4-5　泰国电商平台上服装网店所售服装的用途

（三）服装分类

调查泰国电商平台上服装网店所售服装的分类得知，有114家服装网店销售上衣，有106家销售裤子，有97家销售连衣裙，有96家销售套装。这说明泰国电商平台上服装网店所售服装的类别较为丰富。

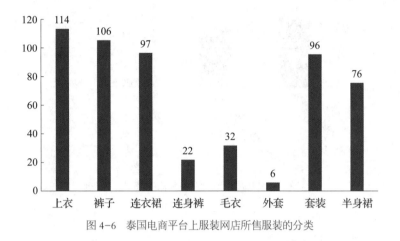

图 4-6　泰国电商平台上服装网店所售服装的分类

（四）目标群体年龄段

调查泰国电商平台上服装网店的目标群体年龄段得知，有 117 家服装网店的目标群体为 21—25 岁的消费者，同时有 100 家服装网店的目标群体为 26—30 岁的消费者。这说明泰国电商平台上的服装网店主要面向年轻群体。

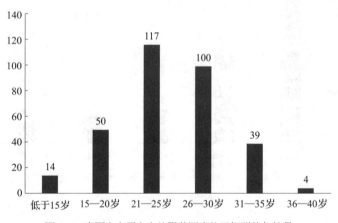

图 4-7　泰国电商平台上的服装网店的目标群体年龄段

（五）商品更新频率

调查泰国电商平台上的服装网店的商品更新频率得知，有 46 家服装网店每个星期都会更新商品，有 32 家每 2—3 个星期会更新商品，有 36 家每个月会更新商品。这说明泰国电商平台上的服装网店商品更新频率较快。

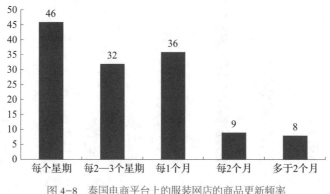

图 4-8　泰国电商平台上的服装网店的商品更新频率

（六）商品展示图上是否使用中文

调查泰国电商平台上的服装网店商品展示图是否使用中文得知，有 121 家服装网店商品展示图没有使用中文，只有 10 家服装网店商品展示图使用中文。这说明泰国电商平台上的大部分服装网店都不想将中文展示在商品图上，因为部分买家会觉得购买中国服装有风险，同时中国服装质量不比当地的服装好。

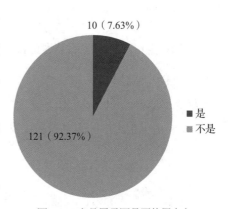

图 4-9　商品展示图是否使用中文

二、价格策略调查结果分析

（一）价格区间

调查泰国电商平台上服装网店所售服装的价格区间得知，有 61 家服装网店的定价区间在 351—550 泰铢，定价区间在 150—350 泰铢和 551—750 泰铢的分别为 40 家、44 家，也有商家定价在 1350 泰铢以上。这说明泰国电商平台上的服装网店所售的服装定价相对较高。

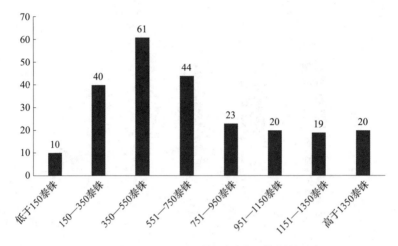

图 4-10　泰国电商平台上服装网店所售服装的价格区间

（二）定价高于中国服装原价位

调查泰国电商平台上服装网店所售服装比中国服装原价位高出多少得知，有 27 家服装网店的服装价格高于 100%。这说明泰国电商平台上服装网店所销售的服装定价相比中国原定价来说要高很多。

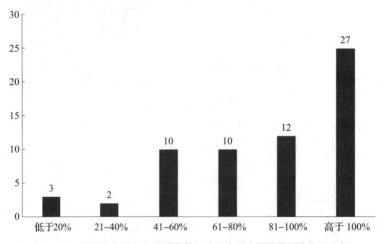

图 4-11　泰国电商平台上中国服装入境后高于中国服装原价位的比例

三、渠道策略调查结果分析

（一）商品销售渠道

调查泰国电商平台上服装网店的商品销售渠道得知，有 99 家服装网店的销售渠道为 Instagram，88 家为 Line，整体来说销售渠道较广泛。

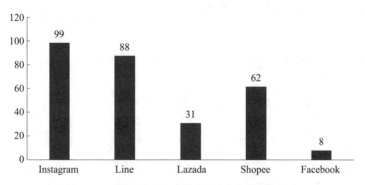

图 4-12　泰国电商平台上服装网店的商品销售渠道

（二）发货地

调查泰国电商平台上服装网店的发货地得知，有 104 家服装网店的发货地为泰国本地，27 家为中国。这说明大部分商家将货物储存在泰国本地，这样可以节约发货时间，提高客户满意度。

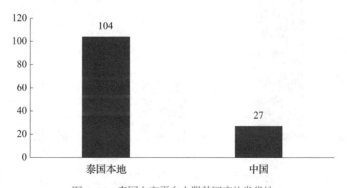

图 4-13　泰国电商平台上服装网店的发货地

（三）是否有实体店

调查泰国电商平台上服装网店有无实体店得知，有 81 家服装网店有实体店，有 50 家服装网店没有实体店。这说明泰国电商平台上的大部分服装网店都是线上线下同步售卖，方便当地客户更便利地试穿中国服装，从而促进购买意愿。

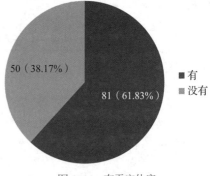

图 4-14　有无实体店

四、促销策略调查结果分析

（一）是否使用本地模特做商品代言人

调查泰国电商平台上服装网店是否使用本地模特做商品代言人得知，有 90 家服装网店使用了本地模特做商品代言人，有 35 家服装网店没有使用本地模特做商品代言人，还有 6 家服装网店既有本地模特也有中国模特。这说明大部分泰国电商平台上的服装网店更倾向于以本地模特作为商品代言人，这样可以给当地消费者一种亲切感，从而提高其购买意愿。

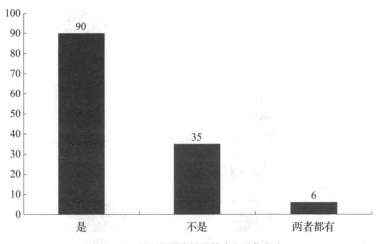

图 4-15　是否使用本地模特为商品代言人

（二）是否使用专业摄影师拍摄商品照片

调查泰国电商平台上服装网店是否使用专业摄影师拍摄商品照片得知，有108家服装网店使用了专业摄影师拍摄商品照片，有23家服装网店没有使用专业摄影师拍摄商品照片。这说明泰国电商平台上的大部分服装网店对于产品的图片展示是十分重视的，良好的图片展示效果可以有效提升客户购买欲。

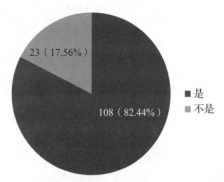

图4-16　是否使用专业摄影师拍摄商品照片

（三）是否使用当地网红的买家秀照片推广商品

调查泰国电商平台上服装网店是否使用当地网红的买家秀照片推广商品得知，有72家服装网店使用了当地网红的买家秀照片推广商品，有59家服装网店没有使用当地网红的买家秀照片推广商品。使用当地网红的买家秀照片推广商品可以引起更多当地买家的注意，当今互联网时代，网红的带货能力很强，可以有效提高店铺销量。

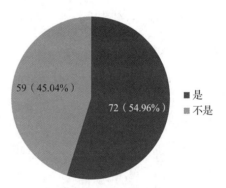

图4-17　是否使用当地网红的买家秀照片推广商品

（四）是否使用当地客户的买家秀照片推广商品

调查泰国电商平台上服装网店是否使用当地客户的买家秀照片推广商品得知，有67家服装网店使用了当地客户

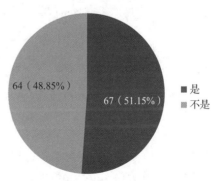

图4-18　是否使用当地客户的买家秀照片推广商品

的买家秀照片推广商品，有 64 家服装网店没有使用当地客户的买家秀照片推广商品。使用当地客户的买家秀照片推广商品可以让买家更放心地购买产品。

第三节　本土策略效果实证分析

问卷发放主要采用 Google 电子问卷形式进行。为确保问卷填写的有效性，问卷发放对象主要由时装模特、经常网购的在校大学生、公司年轻白领等消费人群组成。正式发放问卷 200 份，回收 191 份，回收率 95.5%，最终筛选出有效问卷 180 份，有效问卷率 94.24%。本研究对回收的有效问卷利用实证分析方法进行分析，利用 Amos 和 SPSS 软件处理问卷数据。

一、信效度检验

根据样本数据对量表的信度和效度进行检验，信度检验能够考察测量题项受潜在变量的影响程度，而效度检验考察的则是测量题项共变的潜在原因是不是其所对应的潜在变量。

（一）信度检验

通常情况下，实证分析工作的开展都是以信度分析为基础的，信度分析结果是否能够与期望效果保持高度一致，直接影响实证分析工作的开展。针对某一个特殊变量实施效度分析，相同量表内，分析结果往往代表了实际数据与理想数据差值。本文以信度系数作为重要参考依据，推进量表信度衡量工作的开展。而总量表信度对应的 Cronbach's α 系数必须超过 0.7，变量内部一致性指标数据也有比较严格的要求，即数值不能在 0.6 以内。本研究利用 SPSS 22.0 统计分析软件对 Cronbach's α 系数进行计算，最终对变量的 Cronbach's α 系数进行统计，详细情况如表 4-1 所示。

表 4-1　信度检验结果

变量	Cronbach's α 系数
产品本土化策略	0.895
价格本土化策略	0.913
渠道本土化策略	0.859
促销本土化策略	0.913
功能价值	0.892
经济价值	0.867
情感价值	0.898
社会价值	0.886
考虑购买	0.787
推荐购买	0.810
重复购买	0.805

从表 4-1 可以看出，Cronbach's α 系数的最小变量决定的就是消费者购买意向中的考虑购买，对应系数为 0.787，其他所有变量形成的 Cronbach's α 系数要超过 0.7，这证明了计算的 Cronbach's α 系数满足信度标准要求，表明量表研究结果对应的信度水平相对较高。

（二）效度检验

效度主要是指测量工具或手段能够准确测出所需测量的事物的程度。作为效度的必要不充分条件，在对变量指标或计量指标开展信度分析工作时，效度检验是十分必要的，而且大部分效度检验都是围绕内容以及结构两方面进行的。

对于该研究量表而言，针对泰国电商平台上专营中国服装的泰国本土服装网店在销售中国服装时所采用的本土化营销策略对泰国消费者购买意愿的影响，开展收敛效度检验工作，主要以 Amos 22.0 数据分析软件为依据，推进验证性因子分析工作，最终检验结果如表 4-2 所示。

表4-2　效度检验结果

变量	C.R.	P	AVE	CR
产品本土化策略	31.478	***	0.555	0.897
价格本土化策略	29.762	***	0.601	0.913
渠道本土化策略	31.091	***	0.604	0.859
促销本土化策略	32.864	***	0.639	0.913
功能价值	27.757	***	0.639	0.913
经济价值	31.830	***	0.583	0.893
情感价值	30.015	***	0.623	0.868
社会价值	29.858	***	0.598	0.865
考虑购买	25.094	***	0.595	0.812
推荐购买	25.012	***	0.587	0.858
重复购买	25.215	***	0.589	0.810

根据表4-2可知，$C.R.$ 最小值为25.012，远大于8，且均在 $P<0.001$ 范围内达到统计显著水平，CR 最小值为0.810，均大于0.7，AVE 最小值为0.555，均在0.5以上，从中能够看出，本文使用的所有量表在收敛效度方面都能够满足目标要求。

二、相关性分析

为了解变量之间的关联关系，以及相互密切性，需针对不同变量开展相关性分析工作。比较常用的分析方式就是皮尔逊相关系数法，一般情况下，该计算方式得出的相关性系数在 −1 到 1 之间，相关关系方向是由正数与负数决定的，简单理解就是体现了两个变量属于正相关关系还是负相关关系。随着数值增大，两个变量的关联关系在持续加强，一般该结果是指数据的绝对值。相反，数据越小，两个变量之间存在的关联关系也相对更弱。本文采用SPSS 22.0统计分析软件，以样本数据为核心，将两个变量对应的皮尔逊相关性系数体现出来，最终计算结果见表4-3。

表4-3 变量相关性分析结果

变量	产品	价格	渠道	促销	功能	经济	情感	社会	考虑	推荐	重复
产品	1.000										
价格	0.259**	1.000									
渠道	0.311**	0.364**	1.000								
促销	0.276**	0.333**	0.327**	1.000							
功能	0.475**	0.241**	0.396**	0.265**	1.000						
经济	0.215**	0.412**	0.279**	0.420**	0.285**	1.000					
情感	0.461**	0.302**	0.481**	0.322**	0.419**	0.298**	1.000				
社会	0.206**	0.215**	0.252**	0.235**	0.227**	0.214**	0.202**	1.000			
考虑	0.297**	0.345**	0.362**	0.340**	0.264**	0.459**	0.449**	0.405**	1.000		
推荐	0.399**	0.397**	0.386**	0.405**	0.392**	0.506**	0.503**	0.495**	0.558**	1.000	
重复	0.419**	0.399**	0.418**	0.413**	0.407**	0.456**	0.499**	0.488**	0.546**	0.552**	1.000

从表4-3中数据可以看出，产品本土化策略、价格本土化策略、渠道本土化策略和促销本土化策略与功能价值、经济价值、情感价值、社会价值均具有显著的正向相关性（$P<0.01$），这表明产品本土化策略、价格本土化策略、渠道本土化策略和促销本土化策略对功能价值、经济价值、情感价值、社会价值具有正向影响作用；产品本土化策略、价格本土化策略、渠道本土化策略、促销本土化策略、功能价值、经济价值、情感价值、社会价值与考虑购买意愿、推荐购买意愿和重复购买意愿均具有显著的正向相关性，这表明产品本土化策略、价格本土化策略、渠道本土化策略、促销本土化策略、功能价值、经济价值、情感价值、社会价值对考虑购买意愿、推荐购买意愿和重复购买意愿具有正向影响作用。

三、回归分析

针对样本数据开展初步分析工作，而后应用SPSS 22.0数据分析工具，进行回归分析。

（一）直接作用关系假设检验

本文认为，泰国电商平台上专营中国服装的泰国本土服装网店在销售中国服装时所采用的本土化营销策略对泰国消费者的感知价值及购买意愿均具有直接作用关系，并在上文中提出了相应关系假设。为验证直接作用关系假设，本研究利用 SPSS 22.0 统计分析软件进行回归分析。本土化营销策略对泰国消费者感知价值的直接作用关系检验结果如表 4-4 所示，具体分析步骤为：

表 4-4　本土化营销策略对消费者感知价值的直接效应检验结果

变量	功能价值		经济价值		情感价值		社会价值	
	$M1$	$M2$	$M3$	$M4$	$M5$	$M6$	$M7$	$M8$
性别	−0.043	−0.017	−0.033	−0.010	−0.057*	−0.027	−0.025	−0.012
年龄	−0.021	−0.022	−0.015	−0.033	0.001	−0.008	−0.014	−0.015
职业	0.049	0.024	0.033	−0.014	0.069	0.030	0.028	0.025
收入	0.025	0.007	0.035	0.050	−0.001	−0.006	−0.013	−0.015
产品本土化策略		0.370***		0.038		0.312***		0.027
价格本土化策略		0.030		0.279***		0.065**		0.028
渠道本土化策略		0.245***		0.070**		0.322***		0.302***
促销本土化策略		0.072**		0.294***		0.107***		0.201***
R^2	0.005	0.301	0.004	0.267	0.008	0.356	0.014	0.005
调整 R^2	0.003	0.298	0.002	0.263	0.006	0.353	0.018	0.003
R^2 变化量		0.296		0.263		0.348		0.285
F	2.069	86.670***	1.642	73.234***	3.353*	111.298***	2.110	80.135***
F 变化量		170.401***		144.243***		217.444***		115.32***

首先，以性别、年龄、职业和收入 4 个控制变量作为自变量，以功能价值、经济价值、情感价值、社会价值分别作为因变量，构建模型 1，作为基准模型，反映控制变量与因变量之间的关系；

其次，在模型 1 的基础上加入产品本土化策略、价格本土化策略、渠道本土化策略和促销本土化策略 4 个自变量，构建模型 2，以检测产品本土化策略、价格本土化策略、渠道本土化策略和促销本土化策略与功能价值和经济价值的关系；

再次，在模型 2 的基础上加入产品本土化策略、价格本土化策略、渠道本土化策略和促销本土化策略 4 个自变量，构建模型 3，以检测产品本土化策略、价格本土化策略、渠道本土化策略和促销本土化策略与功能价值、经济价值、情感价值的关系；

最后，在模型 3 的基础上加入产品本土化策略、价格本土化策略、渠道本土化策略和促销本土化策略 4 个自变量，构建模型 4，以检测产品本土化策略、价格本土化策略、渠道本土化策略和促销本土化策略与功能价值、经济价值、情感价值、社会价值的关系。同理得到泰国消费者感知价值对其购买意愿的直接效应检验结果，如表 4-5 所示。

表 4-5　消费者感知价值对其购买意愿的直接效应检验结果

变量	考虑		推荐		重复	
	$M1$	$M2$	$M3$	$M4$	$M5$	$M6$
性别	-0.130^{***}	-0.099^{***}	-0.037	0.001	-0.070	-0.033
年龄	0.049	0.055	0.061	0.069^{*}	0.008	0.016
职业	0.069	0.034	0.014	-0.028	0.117	0.076
收入	0.012	-0.001	0.085	0.069	0.042	0.027
功能		0.020		0.147^{***}		0.178^{***}
经济		0.350^{***}		0.361^{***}		0.301^{***}
情感		0.325^{***}		0.328^{***}		0.325^{***}
社会		0.252^{***}		0.286^{***}		0.215^{***}
R^2	0.033	0.335	0.025	0.422	0.031	0.392
调整 R^2	0.031	0.333	0.022	0.419	0.029	0.389
R^2 变化量		0.303		0.397		0.361
F	13.746^{***}	116.183^{***}	10.215^{***}	167.776^{***}	12.921^{***}	148.449^{***}
F 变化量		244.471^{***}		368.551^{***}		318.972^{***}

1. 本土化营销策略对消费者感知价值的直接效应检验

由表4-4中数据可知，在本土化营销策略对功能价值的影响方面，价格本土化策略对功能价值的回归系数为0.030（$P>0.100$），说明无显著影响；产品本土化策略、渠道本土化策略和促销本土化策略对功能价值的回归系数分别为0.370（$P<0.001$）、0.245（$P<0.001$）和0.072（$P<0.010$），说明产品本土化策略、渠道本土化策略和促销本土化策略对功能价值均具有显著的正向影响。

在本土化营销策略对经济价值的影响方面，产品本土化策略对经济价值的回归系数为0.038（$P>0.100$），说明影响作用并不显著；价格本土化策略、渠道本土化策略和促销本土化策略对经济价值的回归系数分别为0.279（$P<0.001$）、0.070（$P<0.010$）和0.294（$P<0.001$），说明价格本土化策略、渠道本土化策略和促销本土化策略对经济价值均具有显著的正向影响。

在本土化营销策略对情感价值的影响方面，产品本土化策略、价格本土化策略、渠道本土化策略和促销本土化策略对情感价值的回归系数分别为0.312（$P<0.001$）、0.065（$P<0.010$）、0.322（$P<0.001$）和0.107（$P<0.001$），说明产品本土化策略、价格本土化策略、渠道本土化策略和促销本土化策略对情感价值均具有显著的正向影响。

在本土化营销策略对社会价值的影响方面，产品本土化策略、价格本土化策略、渠道本土化策略和促销本土化策略对社会价值的回归系数分别为0.027（$P>0.001$）、0.028（$P>0.010$）、0.302（$P<0.001$）和0.201（$P<0.001$），说明产品本土化策略、价格本土化策略对社会价值的影响不显著，渠道本土化策略和促销本土化策略对社会价值具有显著的正向影响。

综合来看，泰国电商平台上中国服装本土化策略对于消费者感知价值具有正向影响，假设H1、H1-a、H1-b、H1-c和H1-d均得到支持。

2. 消费者感知价值对购买意愿的直接效应检验

由表4-5中数据可知，在消费者功能价值、经济价值、情感价值、社会价值对消费者购买意愿的影响方面，功能价值对购买意愿的回归系数为0.020

（ $P>0.100$ ），说明无显著影响；经济价值、情感价值、社会价值对购买意愿的回归系数为 0.350、0.325、0.252，均在 $P<0.001$ 范围内显著，说明经济价值、情感价值、社会价值对购买意愿均具有显著的正向影响。

在消费者功能价值、经济价值、情感价值、社会价值对消费者推荐购买意愿的影响方面，功能价值、经济价值、情感价值、社会价值对推荐购买意愿的回归系数为 0.147、0.361、0.328、0.286，均在 $P<0.001$ 范围内显著，说明功能价值、经济价值、情感价值、社会价值对推荐购买意愿均具有显著的正向影响。

在消费者功能价值、经济价值、情感价值、社会价值对消费者重复购买意愿的影响方面，功能价值、经济价值、情感价值、社会价值对重复购买意愿的回归系数为 0.178、0.301、0.325、0.215，均在 $P<0.001$ 范围内显著，说明功能价值、经济价值、情感价值、社会价值对重复购买意愿均具有显著的正向影响。

综合来看，消费者感知价值对于消费者购买意愿具有正向影响，假设 H2、H2-a、H2-b、H2-c 和 H2-d 均得到支持。

（二）中介作用关系假设检验

本文认为，功能价值、经济价值、情感价值、社会价值在本土化营销策略对消费者购买意愿的影响中，均具有中介作用。本研究采用温忠麟等人（2004）所提出的中介效应检验方法，对消费者感知价值在服装本土化营销策略与消费者购买意愿之间的中介效应进行检验。具体如下：

（1）检验自变量 X 对因变量 Y 的回归，如果回归系数 c 显著，便能够继续进行中介效应的检验；如果回归系数 c 不显著，便需停止中介效应检验，即回归系数 c 显著是进行中介效应分析的前提。

（2）检验自变量 X 对中介变量 M 的回归，字母 a 表示回归系数。

（3）检验中介变量 M 对因变量 Y 的回归，字母 b 表示回归系数。

若经检验 a 和 b 均显著，则继续检验自变量 X 和中介变量 M 对因变量 Y

的回归，字母 c' 表示回归系数。如果 c' 不显著，便表示完全中介效应显著；若 c' 显著，则部分中介效应显著。

使用 Amos 21.0 对数据进行结构方程分析，其中本土化营销策略为外生潜变量，即模型自变量 X；消费者购买意愿作为内生潜变量，即模型因变量 Y；消费者感知价值作为模型中介变量 M，路径系数标准化估计值见图 4-19。

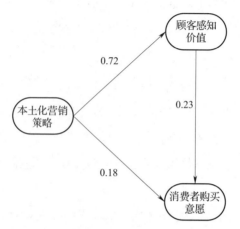

图 4-19　消费者感知价值在本土化营销策略对消费者购买意愿中的
中介作用结构方程路径分析

根据中介效应检验流程，本研究发现系数 c 与系数 a、b 均显著，说明消费者感知价值在本土化营销策略对消费者购买意愿的预测中有显著中介效应。根据计算，本土化营销策略对消费者购买意愿总效应为 0.35，本土化营销策略通过消费者感知价值对消费者购买意愿的中介效应为 $0.72 \times 0.23 = 0.1656$。

该模型主要拟合指数见表 4-6，其中 *NNFI*、*CFI* 值大于 0.9，*RMSEA* 为 0.077，说明模型拟合良好。

表 4-6　消费者感知价值在本土化营销策略对消费者购买意愿中的中介效应模型估计

拟合指标	X^2/df	*GFI*	*AGFI*	*NFI*	*NNFI*	*IFI*	*CFI*	*RMSEA*	*SRMR*	*P*
	3.561	0.937	0.901	0.931	0.909	0.950	0.950	0.077	0.0520	0.000

由表 4-6 可知，本研究主要拟合指数符合主流学者认定的拟合优度统计量标准，说明消费者感知价值在本土化营销策略对消费者购买意愿中的中介效应模型拟合良好，消费者感知价值在本土化营销策略对消费者购买意愿的预测作用中起着显著的中介作用。

四、实证结果分析

本研究依据上文提出的泰国电商平台上专营中国服装的泰国本土服装网店所采用的本土化营销策略对泰国消费者购买意愿的作用机理假设关系模型，利用 SPSS 22.0 统计分析软件对收集到的样本数据通过相关性分析、回归分析等方法进行了检验，结果表明，本研究所提出的假设中，10 个假设均满足成立要求，详细情况如表 4-7 所示。

表 4-7　假设检验结果

编号	假设内容	检验结果
H1	泰国电商平台上中国服装本土化策略对于消费者感知价值具有正向影响	支持
H1-a	泰国电商平台上中国服装产品本土化策略（品牌商标、产品详情、产品穿搭风格）对于消费者感知价值具有正向影响	支持
H1-b	泰国电商平台上中国服装价格本土化策略（定价策略、折扣）对于消费者感知价值具有正向影响	支持
H1-c	泰国电商平台上中国服装渠道本土化策略（产品的发货地、在线销售平台、实体店）对于消费者感知价值具有正向影响	支持
H1-d	泰国电商平台上中国服装促销本土化策略（展示图、明星或网红推广、模特）对于消费者感知价值具有正向影响	支持
H2	消费者感知价值对于消费者购买意愿具有正向影响	支持
H2-a	功能价值对于消费者购买意愿具有正向影响	支持
H2-b	经济价值对于消费者购买意愿具有正向影响	支持
H2-c	情感价值对于消费者购买意愿具有正向影响	支持
H2-d	社会价值对于消费者购买意愿具有正向影响	支持

第四节　中国服装泰国本土化营销策略优化建议

通过对当前泰国电商平台上专营中国服装的泰国本土服装网店所采用的本土化营销策略进行调查，了解到当前泰国本土服装网店卖家虽然针对泰国消费者采取了一定的本土化营销策略，但策略不够完善、不够丰富。在此基础上，本文分析了泰国本土服装网店的本土化营销策略对泰国消费者购买意愿的影响，了解到产品本土化策略、价格本土化策略、渠道本土化策略、促销本土化策略均会对泰国消费者的购买意愿造成显著影响。因此，为更有效地推广产品，提高销量，扩大市场占有率，建议泰国电商平台上专营中国服装的中国跨境卖家制订合理完善的泰国本土化营销策略，以更好地吸引泰国本土消费者，从而提高中国服装在泰国的销量。

一、产品策略

（一）明确产品定位

泰国电商平台上专营中国服装的泰国本土服装网店在对产品进行定位时不能面面俱到，而要根据自身的优势对产品进行准确定位。目前，泰国本土服装网店所销售的服装产品主要有休闲服、工作服、晚宴服等，每个客户对产品的要求有很大的差异（如生产工艺、包装要求等），因此泰国本土服装网店对服装要进行细分定位（见表4-8）。

（二）调整产品结构

随着互联网时代的发展，人们获取的关于服装的信息越来越多，泰国消费者对服装产品的需求也越来越高。这种背景下，泰国本土服装网店以及中国服装网店应当充分发挥自身优势，抓住泰国消费者对个性化服装的需求，对泰国

表 4-8　产品定位

客户分类	产品档次要求	产品要求
A	高档	产品要求很高，对工厂资质、生产标准、面料品质、过程控制、包装等均有很高的要求；在生产之前需要进行各种检测，一般要按照精品标准进行包装；如果从中国进货，大多数选择较快的陆运（5—10 天）到曼谷物流仓库，泰国境内运输方式一般为陆运，直接运送至客人指定的仓库，然后运到实体商店直接进行销售，同时也在各大网络平台上销售
B	中档	对产品要求总体不是很严格，对产品生产、面料品质、检测、包装等有一定的要求，对产品质量有较高的要求；运输方式一般为海运（15—20 天）；生产周期相对较长。泰国境内运输方式一般为陆运，直接运送至客人指定的仓库，然后运到实体商店或在各大网络平台上直接进行销售
C	低档	低档产品在产品结构中比例较小，更多的是为了维护客户关系，这部分产品各方面要求一般相对较低。泰国境内运输方式一般为陆运，直接运送至客人指定的仓库，然后运到批发市场或在各大网络平台上直接进行销售

消费者的喜好进行调研，充分抓住发展的机遇，研发和生产一些个性化的、小众化的，满足不同层次、年龄需要的服装；依据对消费者的判断，进行精确营销；提升产品的创新能力和活力，从而赢得更多消费者的信赖。

（三）采用多样化的包装

泰国消费者非常重视服装产品的包装，无论高档产品还是中档产品、低档产品，他们对产品包装的要求都非常高，尤其是包装的设计。产品包装策略具体见表 4-9。

（1）高档产品采用精美的硬盒包装设计。精美的包装也是一种强大的营销手段，在感官上它可以直接吸引人的眼球。它可以体现产品的品位和质量以及品牌的价值。泰国消费者买衣服时先看包装，精美的包装可以起到积极的广告促销作用。针对高档产品的硬盒设计，泰国本土服装网店设计人员要运用时尚、优雅并结合泰国文化的元素设计出高档的图案，生产时用品质上乘的纸板，衬板要双层的，吊牌要是翻页的厚版，吊粒要带有 LOGO，干燥剂也

表4-9　产品包装策略

产品档次	常规包装	优化产品包装策略
高档	硬盒	针对高端高价产品融合时尚元素设计，所有辅料都带有该品牌的LOGO，单件硬盒及外箱要全部塑封；针对普通高档略低价格的产品可以用质量上乘的PVC胶袋代替硬盒包装，保持同样利润，降低销售价格，提高销量
中档	软盒、PVC	在包装材质上加强品控，设计品种多样化，图案力求新颖，给客人更多的选择，比竞争者在包装设计上更有竞争力
低档	普通PP胶袋	要保证包装材料的材质，同时在设计上下功夫。PP胶袋上可以加个提手，方便客人携带

要有LOGO，纸领条、腰封和胶夹也都要选最好品质的产品。外箱要用彩印的亮光的设计，硬盒要用塑封膜塑封，彩印外箱也要用带有LOGO的塑封膜塑封。

（2）中档产品用软盒或者PVC包装。客人对中档产品的包装设计要求多样化，对包装材质要求没有高档产品那么严格，盒子的材质可以用一般白板的软盒材质，胶袋用品质好的PVC，设计图案要新颖，软盒不用塑封，外箱用3坑7层的瓦楞箱。

（3）低档产品用PP胶袋设计。考虑到成本，低档产品的包装材质可以选用普通材质，胶袋用PP的胶袋，可以加个提手便于携带，尽管产品是低档的，材质上可以有所调整，但设计图案一定要力求时尚完美才可在激烈的竞争中脱颖而出。

二、价格策略

（一）撇脂定价和成本加成定价法

中国服装网店在制订价格策略时，不能独立于品牌定位，品牌定位和定价不能分开。为了获得更好的市场份额，对于不同定位的产品，可以考虑用撇脂定价和成本加成定价的方法来进行产品定价。

　　"成本加成定价"是比较常见和成熟的定价方法，在实际应用中使用得也比较多。成本指企业生产经营过程中产生的实际成本。在客观上，需要通过销售产品来获得补偿，并获取超过其支出的收入。超出部分则反映在公司的利润中。根据产品的单位成本加上预期利润来确定价格。"撇脂定价"是指在产品生命周期的最初阶段，将产品的价格定得很高，从而获取最大化利润。实施这一方法的条件是：①市场上必须有足够的刚性需求用户，即使价格高，市场也不会反应过激而导致销量减少太多。②高价格带来的好处足以抵消高价格导致的需求减少，并能获取更多的利益。③即使采取了高价格，它仍然是排他性的，没有竞争对手。

　　高昂的价格给消费者的印象是这款服装是优质产品。在采用两种定价策略时，需要先将服装分为两大类：高端服装和中低端服装。对于高端服装，适宜采用撇脂定价的策略，好处在于它不仅可以替品牌营造出高端形象，同时也可以保证公司的盈利。这类服装的价格通常可以比国内品牌高出50%。但是，也要考虑到，价格过高，消费者可能会被迫转向其他品牌。对中低端服装则适合根据产品的采购成本，计算固定成本和可变成本，然后再加上公司所需的净利润，按照公式"定价＝成本×（1＋企业利润率）"进行初步定价，然后以此为基础，充分研究市场上竞争品牌的同类产品的价格，适当调整自己产品的价格以便保持价格优势。

（二）差别定价法

　　根据消费者的性质来定价。比如批发商客户，订单数量通常较大，还有些客户的订单款式少、数量大，这样网店损耗较低，成本也会低些，给这类客户的报价可以优惠点。对于订货量少但款式要求多的客户，由于原材料损耗导致成本上升，因此报价时一般比大客户要相对高一些。另外，对于套装来说，如果客户只订上装的话，价格没有优惠，如果可以成套订，可以有一定的折扣，这是对于一些既可单独销售，又可成套销售的商品，实行成套价格优惠。

（三）心理定价法

客户在下单时会有各种心理，如果能够了解并掌握客人的心理，依据其采购时的不同心理状况，采取不同的价格策略，会更容易获得订单。

（1）尾数定价策略。一般购买中低档服装的客人，希望得到同质低价的产品，在给这些客人报价时，可以用尾数精确到分的定价策略，虽然 6.98 和 7 没什么区别，但是客户在心理上有一种便宜的感觉，有利于促成最终的成交。此外，泰国人喜欢数字 9，泰语中数字 9 的发音与"进步"相同，定价时泰国卖家经常采取 9 为尾数，例如 199、599、899 来吸引消费者。

（2）声誉定价策略。购买高档服装的客人对质量要求比较高，一般来购买也是因为质量相对有保证，在质量方面有一定的声誉，针对这些客户报价可以高一些。

（3）大客户跟随者定价策略。一些新客户没有自己的想法，也不知道市场的流行趋势，但又想采购到新产品，这时卖家可以推荐大客户所选的款式，因他们的订单数量比大客户少，可以提高产品价格。采用大客户跟随者定价策略，订单数量实际增加，利润也随之提高。

三、促销策略

（一）邀请当地明星或网络红人代言

一种简单有效的品牌传播方式就是利用明星效应。拥有强大粉丝基础的明星，对将品牌快速打入市场大有裨益。然而，需要警惕的是，明星效应是把双刃剑，尤其在跨文化营销环境下。对此，需要慎重考虑利用明星效应的必要性。比如，对于比较高档的服装，首先考虑服装风格以及目标群体年龄定位，宜聘用流量较高的新生代明星，这样更能体现服装品牌的新颖感，更加贴近年轻泰国消费者的审美观；而对于中低档服装，宜充分发挥网络红人效应，这样能体现服装的名气与亲民性，从而使服装广受欢迎。

（二）广告促销推广策略

泰国本土服装网店在制作广告时应考虑产品的特点、财务预算、投放途径等因素，通过当地的经销商、代理商、中间商等进行宣传，扩大产品和品牌的影响力，但是在制作广告时一定要符合泰国当地的文化、风俗、媒体特征和广告管制政策等，现提出以下促销策略。

第一，通过户外广告等多媒体形式宣传，扩大品牌的市场知名度，如中低档品牌可以通过加盟泰国知名时尚实体店进行宣传，中高档品牌可以通过泰国大型商场的广告牌、公路上的广告牌进行宣传。

第二，通过各大社交媒体平台、各大视频平台进行宣传。例如 Google 搜索引擎，由于泰国人在日常生活中都会使用 Google 搜索引擎，而 Google 开发并提供了大量基于互联网的产品与服务，当消费者搜索相关的产品或服务时，企业可以把握这样的关键时刻，在 Google 搜索页面上适时、适地展示数字广告。同时，Facebook、Instagram，包括 Youtube 上的广告功能投放品牌宣传等都是泰国本土卖家的最佳选择。

第三，在泰国大型时尚类产品促销活动或泰国各大商场等人口密集的地方，雇佣部分营销人员对产品进行介绍并发放产品宣传册，扩大品牌知名度。

（三）折扣促销策略

折扣促销这一方式能够使产品快速地进入市场并扩大市场份额，特别对服装行业来说，在某些重要节假日几乎所有的品牌都会开展促销活动。对泰国本土服装网店来说，中端系列女装可以在公司接受的范围内大幅打折，从而扩大产品销售量，但是高端产品打折幅度不宜过大，虽然打折可以在一定程度上促进销量并留住一批现有客户，但是大幅度打折会降低品牌在消费者心中的地位和品牌自身的价值。

第一，买赠是一种常用的促销手段，即购满一定金额或者数量而给予额外赠品，以达到增加销量的目的。但是在选择赠品时，一定要考虑消费者的喜好并且礼品要尽可能精致一些。

第二，消费券积分活动不仅可以在节假日进行，平时也可以做。消费者在购满一定数量或者金额时，可得到对应的消费券积分，凭借消费券积分可以在下一次消费活动中获得一定的优惠。

第三，采用临界点心理价格策略。临界点心理价格考虑的是消费者的心理因素，价格临界点的调整，如原本500泰铢的价格调整为499泰铢，会给消费者心理上造成便宜很多的错觉。

(四) VR 体验式营销

体验式营销不仅仅是简单的体验产品和服务，更是一种给消费者的情绪上、情感上、精神上的体验。但目前泰国多数服装店的体验式营销仅仅局限于产品搭配、试穿等，并没有全面深入地了解体验式营销的内涵。事实上，陈列、品牌、设计、沟通、服务方式、体验方式等都是体验式营销的一部分。高档礼服裙的试衣过程比一般服装要复杂得多，但如果可以运用 VR 等现代科技手段将消费者的相关数据输入相关设备便可全方位、立体地展示消费者的试穿效果，那么将不仅可以节省消费者的大量时间，还可以使消费者产生身临其境的感觉，满足消费者的好奇心。

四、渠道策略

(一) 拓展网络营销渠道

现在泰国消费者越来越倾向于用网络寻找合适的产品，泰国本土服装网店卖家应该创建自己的网站，在网站中详细地介绍公司品牌与产品等内容，使潜在的客户能够深入了解公司的具体情况。在 Google 等搜索引擎上进行关键词推广，也是结交客户和进行产品推广的理想途径。大多数本土卖家都通过 Shopee 和 Lazada 等电商平台进行销售和推广，服装网店卖家可以借助平台上的促销活动、广告功能进行推广，同时在各大电商平台上积累消费者，并在各大社交媒体上建立品牌账号，让更多的消费者看到产品。

如今，网络社交媒体盛行。泰国本土许多服装网店卖家借助这些网络社交媒体，例如 Facebook、Instagram、Twitter、泰国 Tiktok 等自媒体，进行宣传推广。泰国本土服装网店卖家可根据产品类别在活跃度高的泰国 Tiktok 上自制小视频发给客人，进行推广。借助这些网络社交媒体进行宣传推广，不但可以让客人迅速地了解产品，而且费用也便宜。

（二）YouTube 广告渠道

服装网店卖家可借助 YouTube 广告，实现性价比高的营销。YouTube 在泰国拥有非常高的覆盖率，做品牌营销的时候，可以利用 YouTube 账户来做营销，比如知名的移动端电商 JOLLYCHIC 通过 YouTube 进行品牌传播，在其 YouTube 官方账户发布了超过 300 个视频，收获超 30 万订阅者，视频拥有超过 4 亿次观看数。

五、结语

在全球经济一体化的大背景下，每个企业的发展都与它所处的行业和市场，以及国家的经济紧密相关。泰国本土服装网店在实施中国服装本土化营销的过程中，需要在把握自身优势的同时，将主要精力放在营销上。泰国本土服装网店要发挥产品的核心作用，以产品为纽带，与市场构建联系，基于营销组合，切实把握市场机遇，适应客户的需求，优化与改进产品的结构，保持产品的生命力，更好地开拓目标市场。

本文详细研究了泰国电商平台上中国服装本土化营销策略现状，分析了泰国电商平台上专营中国服装的泰国本土服装网店在销售中国服装时所采用的本土化营销策略对泰国消费者购买意愿的影响。为进一步了解泰国电商平台上专营中国服装的泰国本土服装网店在销售中国服装时所采用的本土化营销策略的效果，实证分析了泰国本土服装网店在销售中国服装时所采用的本土化营销策略对泰国消费者购买意愿的影响，得到以下结果：泰国电商平台上中国服装本土化营销策略对于消费者感知价值具有正向影响，消费者感知价值对于消费者购买意愿具有正向影响，消费者感知价值在中国服装本土化营销策略与消费者购买意愿之间存在中介作用。结合对131家泰国服装网店的初步市场调查和实证分析得到以下研究结论：

泰国电商平台上的服装按产品原产地分类可分为两大类。一是从中国进口到泰国本土，这类产品大多数是泰国卖家通过中国电商平台例如淘宝、阿里巴巴批发购买，后运输到泰国，再将产品放到本土的电商平台上卖给本土的消费者，产品价格较便宜，以休闲服为主。二是从当地的服装工厂拿现货或者找当地的服装厂家定制自己的品牌，大多数泰国原产服装品牌的衣服价格会比中国原产的高，同时在市场上的品牌定位也较为高端。泰国很多卖家都愿意为打造自家品牌下功夫，包括服装设计、布料质量、裁缝的专业度、品牌定位、网络推广，以得到广大消费者的喜爱和认同。

在服装产品方面，当前泰国网店采取的产品策略主要为商品品类丰富化、更新频繁化、时尚感强。由于泰国一年四季温差不大，适合夏天穿搭的休闲风格的服装特别受欢迎。由于从中国进口服装成本相对较低，部分泰国店家会选择从中国淘宝网或阿里巴巴网进货，近几年淘宝网等购物网站的泰国消费者越来越多，跟泰国本土服装相比，中国的服装性价比确实高出很多，就算是相同的价格，中国服装也更好看、更时尚，因此吸引了众多泰国卖家和泰国消费者。

在价格策略上，价格定位偏中高档，给消费者一种商品定位高端的感觉。大多数价格处于中高位的是泰国本土品牌的服装网店，一般从中国进口的服装价格相对较低，偏中高价位的中国进口服装通常会在社交媒体平台上销售，或者经销商通过重新拍摄等手段去提高产品价格，由于社交媒体平台没有提供查找相同或相似产品并进行产品比价的功能，这样消费者就无法在第一时间货比三家，也避免了与别家网店的竞价行为，泰国本土店家通过建立良好的品牌形象，在销售较高价格的产品时反而可获得消费者的认同和信赖。

在渠道上应用较为丰富，涵盖了各大网站。目前，泰国消费者更依赖于使用社交媒体 App，泰国网民在日常生活中经常使用 Facebook、Twitter、Instagram、Line 这几个社交平台。由于泰国消费者习惯在以上几个平台通过银行转账购物，而使用 Shopee、Lazada 等电商平台进行购物的优势是可以货比三家、支付方便、有免快递费服务、有平台提供的优惠券等，所以大多数泰国服装卖家在各个电商平台上经营自家网店的同时，也会在各社交媒体平台上建立自家品牌的粉丝页面或官方账号，比如 Facebook 粉丝页面、Line 官方账号、Instagram 商业账号，在建立品牌在服装市场上的可信度的同时，也便于为每一季新产品做市场推广。

从 2015 年开始，在线时尚品牌市场增长迅猛，有众多新的在线时尚品牌从 Instagram 平台起步后逐渐转向加盟时尚品牌实体店，让广大的消费者同时享受了线上和线下购物体验。

随着社交媒体平台越来越商业化，卖家可以利用平台上的各种数据（包括地区、人口统计数据和兴趣等）快速寻找可能对自家产品感兴趣的人群，并将其确定为受众，直接在平台上投放广告。同时，研究者也发现在 Shopee 和 Lazada 平台上销售服装的泰国本土服装店都会在其他的平台上创建自家的账号，尤其是 Instagram，几乎是不可缺少的，而跨境卖家却只通过 Shopee 和 Lazada 电商平台销售产品。

促销策略同样较为丰富，全面运用泰国本土网红和买家进行推广。泰国卖家会在 Facebook 和 Instagram 等社交媒体平台上宣传。同时，除了请高流量的年轻明星代言以外，卖家会将本土的当红明星、网络名人等身穿自家服装的照片作为宣传照或者买家秀，发布到 Instagram 上，从而影响消费者的购买意愿。

在泰国电商平台上，能在第一时间吸引消费者并使其产生购买意愿的是产品展示图。只要产品的图片拍得好看，消费者就会产生购买的欲望，这涉及产品试穿的模特、产品展示图的清晰度、产品展示图的修图及调色风格。由于大多数泰国消费者的体型跟中国模特有差异，审美观也不同，所以泰国消费者更喜欢看到体型接近自己的本土模特的试穿图片，特别是当地有一定知名度的模特更可以激发消费者对此产品的购买欲望。

第五章

泰国《国家报》和《曼谷邮报》涉华报道的内容分析

　　自 2011 年新年开始，美国曼哈顿时代广场一年一度的中国国家形象片的播放成了国内外各大主流媒体每年必定关注的新闻，中国"一带一路"等倡议的提出，加之中国不断增强的综合国力和不断提高的国际地位，更是吸引了不少国家媒体的关注。在相关机构追踪调查的 17 个国家中，各国媒体对中国国家形象的报道再现上升趋势。

　　在全球范围的传播中，对他国形象的描述和解释受多种因素影响已成为无可争辩的实际情况。"他国形象"是"形象"的一部分，首先它的评判属于主观的印象，而不是客观的辨识与判断；此外，虽然它会因为时代的发展而逐渐变化，但在不同时代都具有不同的特点，因此在特定的一段时间内是较为稳定的。作为一个重要的传播平台，媒体在宣传和树立他国形象上的作用也是十分重要的，在当今社会中，媒体是塑造国家形象的主要载体。

　　汉斯·摩根索在《国家间政治：寻求权力与和平的斗争》一书中认为，我们在他人眼中的形象并不是我们本身，但是这个形象会影响我们在社会中的角色，哪怕这种形象不是真实的反馈[1]。中国不断崛起的世界地位也影响着中国人看待世界

1　［美］汉斯·摩根索.国家间政治：权力与和平的斗争［M］.徐昕，郝望，李保平，译.北京：北京大学出版社，2006.

的态度，而我们关心的是世界对中国发展的评价。各个国家的媒体关于中国报道的数量、涉及范围、文章长度等都是最直观的数据。首先，媒体对于中国的报道是一个让其他国家深入了解中国的重要途径。此外，其他国家的民众若是想了解中国的发展情况、各项政策，主要也是通过自己国家的媒体报道。所以，国外的主流媒体对于中国的报道是国外民众认识中国的重要窗口，其报道的真实性以及对报道内容的看法会影响国外民众对于中国形象的认知。分析国外媒体对中国的新闻报道能够确定这些媒体对于中国的认知，同时也能够了解其构建中国形象的具体情况，以及他们所理解和宣传的内容与中国真实情况在哪些方面存在差异。

自从中国崛起并开始对泰国经济产生影响以来，中国在泰国媒体上的形象一直是一个备受关注的话题。泰国媒体一直试图"再现"中国，媒体为制造话题往往会平衡正面和负面态度。泰国媒体的报道在一定程度上是泰国政府和泰国公民在不同层面上对中泰关系的反应，其最终的目的是为泰国公民提供全面的中国现状。

泰国和中国接壤，在经济全球化背景下，应该积极寻求合作、把握机遇，从中国的经济快速发展中受益，以提高泰国产品在国际上的竞争力。而在贸易和投资合作框架下，中泰之间进行了各种经济合作。媒体在各国的舆论导向中一直起到关键作用，泰国媒体在这样的大背景之下是如何对中国经济进行报道的，是如何展现中国形象的，以及是如何向泰国民众传达中国形象的信息的，这些对中泰关系的推进尤为重要。

第一节　研究设计与核心概念

一、研究设计

（一）研究问题

本文聚焦两个问题：其一，泰国媒体再现的中国形象是什么样的？其二，泰国媒体对再现中国形象有什么样的作用？

随着中国的再次崛起，中国人在用世界眼光审视世界格局的时候，也非常在意世界是如何看待中国的。目前，中国对外传播的重心还是在"中国形象"上，学者的研究内容也是中国媒体对于其他国家形象的塑造。本文拟重点关注泰国两大媒体再现的"中国形象"。

泰国目前的主流英文报纸为《曼谷邮报》和泰国《国家报》。这两种报纸发行量巨大，新闻质量优秀，多年来一直是亚洲领先的报业媒体，也是2019 年泰国十大新闻英语来源中的前两名[1]。本次研究使用的新闻材料就来自这两家媒体，其原因主要是考虑这两份英文出版物是泰国国内公开出版的最具权威性的报刊，并且具有更加广泛的新闻来源渠道和多样化的发布平台。泰国《国家报》和《曼谷邮报》在印刷品和在线媒体平台上提供的新闻和信息的质量和数量大致相当，并均提供英语和泰语两种语言的新闻，泰国人和非泰国人都可以及时地了解不断变化的新闻动态。

同时，《曼谷邮报》和《国家报》在泰国全国都有递送服务，并且在曼谷和其他省会城市均有提供服务的新闻平台。两家媒体的受众主要为年轻的精英群体。

在绝大多数情况下，这两家传媒公司通过各种印刷品和数字媒体平台，可以做到及时地发布信息，包括商业新闻和生活新闻，支持和促进社会、地方社区和环境的可持续发展。然而，这两家公司也都不可避免地存在政府介入的情况，政府往往会通过任命董事会成员来干预这两家传媒公司的报道倾向。因此，从某种程度上讲，我们也可以从这两家新闻媒介来了解泰国官方对于中国形象的态度。

本文研究的内容为泰国《曼谷邮报》和《国家报》从 2015 年到 2019 年中有关中国的报道。这些报道包括"一带一路""中泰高铁""中泰合作"等关键词。本次研究从涉华新闻的篇数、来源、体裁和主题等角度再现泰国媒体对中国形象的报道，并进行分析。

---

1 MINYANG Z, AMPONSTIRA F. Effects of tourist's demand on seaside resort areas strategic man-agement: a case of Chinese tourists in Phuket [J]. Asian Journal of Science and Technology, 2019 (10): 2.

（二）研究方法

本文选择了媒介与文化研究中最经典的内容分析法和文本分析法。

传播学家伯纳德·贝雷尔森曾在 1952 年发表的权威性著作《内容分析：传播研究的一种工具》中，给出了内容分析法的定义："一种对具有明确特征的传播内容进行的客观、系统和定量的描述的研究技术。"内容分析法是一种以研究人类传播的信息内容为主的社会科学研究方法[1]，通过对内容的深入分析揭示研究对象的内在本质，这是一种经典的社会科学研究方法[2]。韦伯从文化研究的角度，指出了内容分析法所具有的五大优点[3]：①内容分析法是基于人类交流的文献来直接加以操作的；②同时对文献进行定量和定性的操作；③由历史文献所产生的文化指标，构成了可以跨越数个世纪之久的可靠资料；④文化指标可用来对经济、社会、政治和文化变迁之间的关系，作定量的评估；⑤产生的是"非干扰性变量"，因而不至于让研究对象受到干扰。但是，任何一种研究方法都具有其局限性，内容分析法也不例外。李本乾教授就将内容分析法的局限概括为以下两点：一是不能作为推断媒体传播效果的唯一依据，二是研究结论受制于所使用的定义和分类构架[4]。内容分析法的不足之处在于，它本身可阐述媒介内容，本身具有理性的要求与标准，所以它在表述价值、意义等一些主观内容时不具备优势，所以本文借文本分析法进行综合分析[5]。本文在综合应用内容分析法和文本分析法时，借鉴了《媒介与文化研究方法》中的方法，运用了一系列媒介和文化研究中的经典案例，阐释了如何分析媒介和文化文本、产业及其受众[6]。

文本分析法，是从文本的表层深入文本的深层，从而发现那些不能为普通

1　申凡，戚海龙. 当代传播学［M］. 武汉：华中理工大学出版社，2020.

2　赵阳，文庭孝. 专利技术信息挖掘研究进展［J］. 图书馆，2018（4）：28-36+43.

3　BERELSON B. Content analysis in communication research［M］. Glencoe：Free Press Publications. 1952.

4　彭丹丹. 内容分析法——一种有效的定量定性分析方法［J］. 商，2013（16）：369.

5　［美］罗杰·D. 维曼，约瑟夫·R. 多米尼克. 大众媒介研究导论［M］. 金兼斌，陈可，郭栋梁，周静，译. 北京：清华大学出版社，2005.

6　［英］简·斯托克斯. 媒介与文化研究方法［M］. 黄红宇，曾妮，译. 上海：复旦大学出版社，2006.

阅读所把握的深层意义。作为探讨信息内容性质的一种有力的研究方法，文本分析也是文化研究学者常用的方法之一[1]。在研究中，文本分析法更多从修辞、叙事等方面入手研究文本，由表及里把握文本的深层意义。主流媒体的报道属于"再现"，媒体将收集到的各方面内容汇总并传递出具体的意义。文本分析法属于定性研究方法，它可以用来形容和表达媒体将信息处理后呈现出的意义，研究人员对媒体报道的内容进行分析，来探索更加深刻的含义。本文将定性和定量方法相结合，用内容分析法总结报道信息的外在含义，用文本分析法进一步分析报道不够深入等缺点。

本次研究对收集的报道进行逐一阅读，并提取、量化其关键词，对收集的文献中的修辞进行测试和分析，解释文献所含的具体内容，对文字、非量化的内容进行了半定量化，并建立了相应类目进行分解，以此来分析收集到的报道的某些特征。

本次研究搜集整理并翻译了《曼谷邮报》和《国家报》线上及线下资源中的新闻内容，选择 2015 年至 2019 年包含"中国""中国人""中泰高铁""中泰合作"等关键词的报道，并通过 Excel 进行统计分析，运用 SPSS 软件总结分析报道来源、报道篇幅、涉及领域等多方面数据。然后，总结得出泰国两家媒体在报道中国时所具有的特点，以及泰国媒体在报道中国新闻时描述的中国形象具有何种特点，进而辨识媒体树立的中国形象与中国实际形象存在哪些方面的差异。最后，得出解决方案，为中国媒体在全球范围内的报道提供思路。

二、核心概念

（一）国家形象研究

本文运用中国知网（CNKI）指数分析，发现国内对于"国家形象"这一主题从 20 世纪末开始研究，2005 年研究的学者迅速增加，2012 年左右达到峰

---

1 黄崑，王凯飞，王珊珊，吴英梅 . 内容分析法在国外图情领域的应用研究［J］. 图书馆学研究，2016（6）：2-9.

值，随后呈现出下降的趋势，不过依然维持着比较高的水平。对于"中国形象"的研究的变化趋势和"国家形象"的研究趋势大致相同。指数分析结果显示，在研究的相关领域中"新闻与传媒""中国政治与国际政治"占主要部分，占比分别为 37.14%、27.26%。这些研究中不单单有理论分析与讨论，还包含多种实证分析。

　　"国家形象"一词最早出现在《国家形象和国际体系》中，肯尼斯·博尔丁将国家形象分为地理空间，认知态度和国力强弱三个维度[1]，当时"国家形象"的概念仍然是不明确的。20 世纪 70 年代，"国家形象"一词被定义为"国家品牌"。彼得·范·海姆指出，由于全球化的趋势和新媒体时代的到来，"国家品牌"的含义越发重要，也就是说衡量一个国家是否有竞争力是看这个国家是否有自己的晓誉世界的品牌，这个品牌从某些方面讲就是国家的一个缩影[2]。1996 年，以美国政治学家约瑟夫·奈的"软实力"理论为基础，英国专家西蒙·安霍尔特提出了"民族品牌"概念[3]，这一概念的提出让相关的科学研究部门和经济部门对此更加重视。有中国学者界定了"国家形象"的概念："国家形象是一个综合体，它是国家的外部公众和内部公众对国家本身、国家行为、国家的各项活动及其成果所给予的总的评价和认定。国家形象具有极大的影响力、凝聚力，是一个国家整体实力的体现。"这一定义强调了国家形象是对国家的总体评价和认定，彰显了国家在国际社会中的地位与实力，但并未区分评价来自外部还是内部。[4] 同时，国家形象是国家软实力的重要组成部分，

1　陈世阳."国家形象战略"概念分析［J］.国际关系学院学报，2010，1（1）：22-25.

2　VAN HAM P. The rise of the brand state: the postmodern politics of image and reputation［J］. Foreign Affairs，2001：2-6.

3　ANHOLT S. Anholt nation brands index: how does the world see America?［J］. Journal of Advertising Research，2005，45（3）：296-304.

4　赵永华，陆君钰.新闻话语中的隐喻与国家形象的选择性建构——以《纽约时报》新冠肺炎疫情涉华报道为例［J］.当代传播，2021（6）：17-22.

对于国家间的政治、经济关系具有重要的影响[1]。因此，"国家形象"得到更多学者的重视，越来越多的研究人员着手研究国家形象这一重要课题。具体的国家形象在国际政治领域被频繁使用。学者亚历山大·温特（Alexander Wendt）认为，国家形象是在国际交流时逐渐形成的，它属于客观情况在外界文化环境中的重现，或是运用语言符号描述和塑造的外国客体[2]。对于"国家形象"的研究比比皆是。对于国家形象概念的定义，国内外学者有着不同的看法。美国政治学家布丁认为，国家形象是一个国家对自己的认知与国际体系中其他行为体对它的认知的结合；它是一系列信息输入和输出产生的结果，是一个"结构十分明确的信息资本"。中国传媒大学亚洲传媒研究中心理事长刘继南认为，国家形象是其他国家对该国的综合评价和总体印象[3]。

早在 1996 年，徐小鸽从新闻传播学角度考虑，运用定性、定量方法，将中美新闻报道中的对方国家形象进行对比分析，从而得出导致两国媒体报道中的国家形象问题的原因、影响程度、解决方案。2000 年，管文虎教授出版了《国家形象论》一书，该书较为详细地描述了国家形象的基本概念和相关理论体系，结合历史研究和比较研究的方法，总结了新中国成立 50 年来中国形象在全球范围内的翻天覆地的变化[4]。刘继南教授著有《国际传播与国家形象——国际关系的新视角》一书，他从国际关系角度分析了国际传播对于国家形象的构建的影响。书中介绍了国际传播的基本含义、特征，以及演变过程，还阐述了国家形象的具体内涵、研究演变过程，这本书对我国国家形象的构建以及传播进行了初步的讨论与探索[5]。周宁著有《世界的中国形象丛书》，书中阐述了美国、日本等一些国家对中国形象的理解和描述与实际状况存在差别的具体原

1 宋弘，罗长远，栗雅欣.对外开放新局面下的中国国家形象构建——来自"一带一路"倡议的经验研究［J］.经济学（季刊），2021，21（1）：241−262.

2 WENDT A. Social theory of international politics［M］. Cambridge：Cambridge University Press，1999.

3 王玉英，刘鑫媛.21 世纪中国文化海外传播下的国家形象［J］.沈阳大学学报（社会科学版），2019，21（1）：131−134.

4 管文虎.国家形象论［M］.成都：电子科技大学出版社，2000.

5 刘继南.国际传播与国家形象——国际关系的新视角［M］.北京：北京广播学院出版社，2002.

因。这些书通过文献调研的方式汇总出之前不同国家和地区对于"中国形象"的理解变化过程，此外还从文化的角度出发，解释了中国形象出现的背后原因[1]。胡晓明在 2011 年出版的《国家形象》一书运用实际事例，从软实力、文化传播等多元角度探讨了目前中国的国家形象塑造情况以及对外传播的基本情况，总结了相关重点、难点问题，并针对问题提出了多种解决方式[2]。彭继裕认为，国家形象不仅是国家治理体系和治理能力现代化的重要反映，而且是衡量国家治理水平高低的重要尺度[3]。

在国际层面，对于国家形象的研究，国际政治和国际关系占比最高。不过，这些研究并没有从理论的角度进行综合分析，而是通常以"吸引力""声誉"等词汇出现。20 世纪末，对国家形象的研究才逐渐发展起来。中国国家形象的国际传播是一个综合的全方位的过程，通过传播，受众可以更好地从全面的视角出发，有效接收中国国家形象信息[4]。对许多国外民众来说，《马可·波罗游记》一书对其在心中形成对中国国家形象的印象产生了重要的影响。哈罗德·伊萨克斯在《美国的中国形象（1931—1949）》中介绍了 20 世纪上半期美国民众所了解的"中国形象"和该形象形成的原因；在他看来，20 世纪上半期的美国对"中国形象"的了解主要来源于传教士的夸大描述，后来又因为很多小说的渲染以及宋美龄的描述将这一形象塑造得和实际不符[5]。乔舒亚·库珀·雷默的《中国形象：外国学者眼里的中国》从美国学者的角度出发，阐述了中国的实际情况与美国民众心中的中国国家形象的差别[6]。

1　周宁. 跨文化形象学：以中国为方法——《世界的中国形象研究丛书》总序 [J]. 社会科学论坛，2010（3）：94-116.

2　胡晓明. 国家形象：探究中国国家形象构建新战略 [M]. 上海：上海人民出版社，2011.

3　彭继裕，施惠玲. 主体、机制、绩效：国家形象塑造的治理维度 [J]. 北京交通大学学报（社会科学版），2021，20（4）：170.

4　仇园园. 参与式传播视角下中国国家形象的国际传播 [J]. 中国出版，2021（20）：45-49.

5　姜智芹. 美国的中国形象（1931-1949）[M]. 南京：江苏人民出版社，2010.

6　乔舒亚·库珀·雷默，等. 中国形象：外国学者眼里的中国 [M]. 北京：社会科学文献出版社，2006.

整体上看，其他国家的研究人员对"中国形象"的研究范围十分广泛，已经建立了较为完整的理论研究和实证研究体系。

（二）中国国家形象再现研究

目前，理论研究中针对中国形象的研究还是较少，新媒体发展迅速，具有极强的现实渗透力，以新媒体作为传递国家形象的主要载体，机遇与挑战并存[1]。

"再现"一词意指再次呈现，是真实世界里一些事物的一种映像、类似物，或复制品，再现理论是文化研究派的一种理论。再现的动作需要将许多分散的元素聚集成一个明了的形势，表达复杂而抽象的概念，而这个过程常被称为选择和建构。由于阶级、性别、种族的差异，在再现事件时会出现某种程度的偏差。媒体在报道中呈现的真实实际上是一种再现真实[2]。目前，针对泰国媒体的相关研究非常薄弱，但有一些类似的研究。2013年罗昕的硕士论文《法国媒体眼中的中国形象研究》[3]，从法国《世界报》对"钓鱼岛事件"的报道出发，观察了三个方面的内容，分别为法媒对中国以及钓鱼岛的认识情况、法媒对中国人的看法和法媒对中日关系的看法。黄敏在2013年的《越南〈年轻人报〉报道中的中国形象——以2010年与2011年为例》[4]一文中通过内容分析法总结了2010、2011年中《年轻人报》所有关于中国的新闻内容，结合定量、定性方法分析，归纳并总结出《年轻人报》中所描绘的中国形象，这种形象是正面、负面同时存在的矛盾体。卢茹彩在2013年的《法国媒体中的中国形象及改善策略》[5]一文中就分析了这些媒体进行负面报道的原因。从已有的研究来

1　刘姝昕.新媒体国家形象研究：和谐话语分析［J］.北京科技大学学报（社会科学版），2019，35（4）：38-45.

2　任鸿娟.西方媒体报道对中国国家形象的再现——以NBC奥运会专题片为例［J］.当代传播，2010，152（3）：122-123.

3　罗昕.法国媒体眼中的中国形象研究［D］.杭州：浙江大学，2013.

4　黄敏.越南《年轻人报》报道中的中国形象——以2010年与2011年为例［J］.东南亚研究，2013（4）：13.

5　卢茹彩.法国媒体中的中国形象及改善策略［J］.对外传播，2013（9）：2.

看，西方社会对中国国家形象的认知还是比较浅层的、零碎的。由于文化上的差异和从国家自身安全的考虑，很多国家倾向于对中国产生沉默性威胁的形象认知[1]。总体来说，形成这些现象的主要是东西方意识形态的不同，以及二战以来西方媒体对中国普遍采取的"冷战思维"，导致西方媒体在新闻报道中刻意放大中国与西方价值观不同的部分，而忽略了中国自身所遵循的价值观。

　　2001 年陈寒溪的《美国媒体如何"塑造"中国形象——以"中美撞机事件"为例》[2]以美国主流印刷媒体对撞击事件的报道和评论为例，分析了美国媒体对撞击事件和中美关系的观点及该事件对中美关系的潜在影响。刘颖的《法国媒体报道中的西藏印象——以法国〈世界报〉为例》[3]收集了法国《世界报》在 1987—2004 年间关于西藏的报道，分析趋势，并总结其构造的形象，认为媒体设定了议程框架以及相对刻板的印象。此类研究还有 2012 年高小曼、金学宁所著《德国媒体中的中国形象——以德国主流报刊关于 2010 上海世博会报道为例》[4]等。此类研究以某一具体事件为切入点，研究相对具体且有针对性，但不足之处在于只能立足于某个时间点，或者某个单一事件，无法进行宏观考察。陈悦的《〈华尔街日报〉涉华经济报道研究》[5]和王岚锦的《〈经济学人〉2011 年涉华财经报道的框架研究》[6]，都着重对媒体报道内容进行话语分析，通过定量分析的方法，计算出相关经济报道的占比情况等，然后通过框架理论进行分析，从宏观、中观、微观三个维度，得出上述问题的原因并寻求解决方案。赵永华以《纽约时报》新冠肺炎疫情议题 201 篇涉华报道为语料，采用 MIP 隐喻识别机制，运用概念隐喻理论，分析了该报在报道中使用隐喻建构

1　李丽.中国国家形象与对外文化传播［J］.青春岁月，2021（17）：34-36.

2　陈寒溪.美国媒体如何"塑造"中国形象——以"中美撞机事件"为例［J］.国际新闻界，2001（3）：5-11.

3　刘颖.法国媒体报道中的西藏印象——以法国《世界报》为例［J］.中国藏学，2006（4）：7.

4　高小曼，金学宁.德国媒体中的中国形象——以德国主流报刊关于 2010 上海世博会报道为例［J］.扬州教育学院学报，2012（2）：5.

5　陈悦.《华尔街日报》涉华经济报道研究［D］.北京：中国青年政治学院，2011.

6　王岚锦.《经济学人》2011 年涉华财经报道的框架研究［D］.北京：中国青年政治学院，2013.

中国国家形象的新闻现象 [1]。

但其实最近几年因为美国的次贷危机以及欧债危机，更多的研究学者把注意力转向了"中国经济"。以"中国经济"为主要内容的文章有刘俊俊、崔守峰的《西方媒体眼中的中国经济形象——以〈纽约时报〉对奥巴马访华期间涉华经济报道为例》[2]，周海霞、王建斌的《经济危机时期德国媒体中的动态中国经济形象——以德国主流媒体〈明镜〉周刊和〈时代〉周报 2009—2010 年涉华报道为例》[3]，王志强的《德国〈时代〉周报视角下的经济中国形象（2004—2009)》[4]。上述研究皆从宏观角度分析"中国的经济形象"，此外存在很多研究将调研的重心放在中国其他方面，比如闫隽的《"中国制造"的西方媒介形象——对 2007 年、2008 年〈华尔街日报〉的内容分析》[5]、王秀丽等人的《"中国制造"与国家形象传播——美国主流媒体报道 30 年内容分析》[6]、吴悦旗的《近十年德国媒体中的中国制造》[7]，上述研究重点都落在了中国制造上，研究其在外国媒体中的形象。

董军在《国家形象建构与跨文化传播战略研究》中强调，国家形象彰显着国家的文化底蕴，是软实力的衡量标准，文化实力对于国家思想、观念、精神的传播至关重要。建立积极健康的国家形象，实施行之有效的方案对于提高国家综合实力和水平、提高与他国的竞争水平、维护国家领土完整、确保国家经

1　赵永华，陆君钰．新闻话语中的隐喻与国家形象的选择性建构——以《纽约时报》新冠肺炎疫情涉华报道为例［J］．当代传播，2021（6）：17-22.

2　刘俊俊，崔守峰．西方媒体眼中的中国经济形象——以《纽约时报》对奥巴马访华期间涉华经济报道为例［J］．新闻世界，2011（7）：3.

3　周海霞，王建斌．经济危机时期德国媒体中的动态中国经济形象——以德国主流媒体《明镜》周刊和《时代》周报 2009—2010 年涉华报道为例［J］．德国研究，2011，26（1）：9.

4　王志强．德国《时代》周报视角下的经济中国形象（2004—2009）［J］．德国研究，2009，24（4）：6.

5　闫隽，石静远．"中国制造"的西方媒介形象——对 2007 年、2008 年《华尔街日报》的内容分析［J］．河南社会科学，2010，18（1）：183-186.

6　王秀丽，韩纲．"中国制造"与国家形象传播——美国主流媒体报道 30 年内容分析［J］．国际新闻界，2010，32（9）：49-55.

7　吴悦旗．近十年德国媒体中的中国制造［J］．新闻研究导刊，2016（14）：56+59.

济发展具有积极作用。但是目前我们国家在塑造国家形象问题上面临着前所未有的困难，主要有以下两个重要内容：一方面，中国形象的构建往往都是经由他国媒体的新闻报道进行。目前，世界格局中西方发达国家经常主导话语权，中国往往处在较为被动的一方，中国形象的塑造处于不利地位。另一方面，调查发现，中国在塑造自己的国家形象时，具有主体缺失、跨文化传播困难等很多问题，无法传递出本身想要表达的意思或是要展现的中国形象。在国际上，中国缺乏展示观点、塑造国家形象的主导权，总是扮演着沉默者的角色。此外，中国本身在传递自己的文化、意识、思想时宣传色彩较为浓厚，较少考虑到其他政治体制、意识形态下的受众的接受程度，而且方式过于单调。上述缺陷是制约国家形象建立的关键性问题[1]。

　　董军在《国家形象是如何可能的——"中国威胁论"的话语生产》中认为，"国家形象"属于"特殊"的研究内容，这一词语向来是西方研究人员的关注重点：在哈罗德·伊萨克斯所著的《美国的中国形象》、T. 克里斯托弗杰斯普森所著的《美国的中国形象 1931—1949》、史景迁所著的《文化类同与文化利用：世界文化总体对话中的中国形象》等中西方学者的论著中，中国作为东方国家的典型、儒家文化的发源地，这些特点和标识是其他国家了解中国形象的主要方式。不过，董军等人在长期全面的调查研究后提出，虽然这些研究所提出的观点是不一致的，但它们的假设相同，假设的内容是中国为西方国家的文化他者。这个基本假设涵盖在所有西方学者对于中国形象的研究中，也对中国国内研究人员带来影响。脱离原有的思维方式，是目前塑造"中国形象"的最佳方式。我们需要遵从自己的本心，不断了解他人对于中国形象的描述，并从中找到改善方案，从而"发现"真实的中国形象[2]。

　　由此可以看出，中国针对"中国形象"的研究起步相对较晚，在研究内容的深入程度以及研究人员的数量上和国外还具有一定的差距。近几年来，外国

1　董军."国家形象建构与跨文化传播战略研究"开题会综述［J］.现代传播，2012，34（1）：121-123.

2　董军.国家形象是如何可能的［D］.上海：复旦大学，2013.

媒体一直关注着中国贸易的发展情况和中国与他国间的合作、冲突问题。类似的研究成果多为发达国家对中国形象的描述，而对中国的近邻国家的研究，比如泰国的就几乎没有。

第二节　泰国涉华报道的样本数据分析

一、样本数据的编码设计

（一）类目建构

本次研究选择了三个主要关键词和一些从属关键词作为数据样本搜索的关键词。主要关键词分别为："中泰（China-Thailand/Sino-Thai）""经济（Economic）"和"一带一路（Belt and Road Initiative）"，从属关键词如下：

（1）成功：指当前和未来取得成功的方面（主要是经济、政治和社会方面取得的成功经验）

①经济/业务　②政治　③社会文化　④科学技术　⑤人居　⑥基础设施　⑦环境　⑧旅游

（2）新闻价值：新闻报道的内容对中国、泰国以及全球的价值

①中国　②泰国　③全球

（3）活动性质：主要是区分是不是政府支持的活动或项目，如果是政府支持的活动或项目，那么可能带有政治倾向

①政府　②非政府

（4）目前存在问题：在该项目或者活动中需要解决的问题

①金融方面　②合作方面　③跨境贸易　④内外部纠纷

（5）未来的挑战：根据目前的阻碍以及利益预测的未来的挑战

①国家政局　②多元化　③交换　④安全（当政治 =1、金融 =1 时，安全 =1）

（6）相关项目：大部分相关项目由东南亚国家建立，泰国位于该区域，而且"一带一路"也横跨这片区域

①EEC（东部经济走廊）　②亚洲基础设施投资银行　③AEC（东盟经济共同体）（当东盟 =1、金融 =1 时，AEC 为 1）

（7）组织

①东盟（东南亚国家联盟）　②CLMV（柬埔寨、老挝、马来西亚、越南）③欧盟（欧洲联盟）　④联合国

（8）来源：《国家报》和《曼谷邮报》信息来源不同，同样的报道可能由于信息来源不同而产生不同的报道效果

①中国政府媒体　②外国政府媒体（指非中国和非泰国媒体）　③非政府媒体 / 基层非政府组织　④专业部门（民营通讯社、民营基金会等）　⑤其他（自由编辑、教授、非新闻工作者、学者）

（9）报道类型：指编辑报道新闻的方式和风格（新闻的语气、措辞和表达方式）

①评论　②面谈　③报告、调查　④质疑　⑤支持

（10）报道关键词：在《国家报》和《曼谷邮报》新闻网站的栏目末尾会提供报道关键词，这些在两个网站中都是最常见的报道关键词，在报道内容中也是最常见的

①一带一路　②和平进程　③历史　④人员往来　⑤软实力　⑥中泰合作⑦高速铁路　⑧进出口 / 贸易

（二）类目选择原因

本次研究对类目以及编码进行了仔细筛选，目的是更加清晰地展示两个媒体对新闻的呈现，方便对比两家媒体对新闻的叙述方式。用以分析的材料主要是从 2015 年到 2019 年期间两家媒体报道的有关中国的新闻中筛选。其中，特别增加关键词"一带一路"是因为它是中国目前主导的区域合作倡议，旨在通过陆上和海上的交通，实现区域一体化，实现贸易增长和经济交流。

自古以来，中国通过"丝绸之路"将欧亚大陆与地中海连接起来，并开展了广泛的贸易。现在中国借由"一带一路"希望从陆路和海路来连接与欧洲的贸易。"一带一路"中的丝绸之路经济带将亚洲与欧洲连接到一起，21世纪海上丝绸之路经济带连接的则是亚洲、非洲、欧洲地区。

从发展现状分析可知，中国提出的"一带一路"倡议，旨在从经济上把中国与其他大陆连接起来，成为世界范围内的贸易核心。泰国处在东南亚，是"一带一路"的必经之路，此外泰国一直都与中国有着很好的交流合作关系，所以"一带一路"的倡议更加容易得到泰国媒体的重视。该倡议在商业、政治、社会、旅游、人文等诸多方面都受到泰方的热烈欢迎，加强了中泰两国社会各个层面的关系，而且促进了两国在各领域的合作。因此，我们选择2015—2019年期间《曼谷邮报》和《国家报》中关于"一带一路"的报道作为我们研究的素材是可行的。

（三）如何进行类目选择和编码

首先，笔者在相关新闻中搜索三个主要关键词"中泰""经济"和"一带一路"，但考虑到一些新闻的标题或者主题并不会采用完全一样的词语，笔者也使用了其他从属关键词来进行搜索，例如China-Thailand/Sino-Thai、Belt and Road initiative、BRI和China，以便最大限度地搜寻出更多的有关中国的新闻。

其次，由于《曼谷邮报》和《国家报》的网站具有不同的新闻搜索功能，所以两家媒体的新闻收集过程和收集到的新闻的数量是不同的。《曼谷邮报》网站可以通过自身提供的过滤器在网站上搜索，所以《曼谷邮报》网站的搜索工作比《国家报》的更容易，比如选择好新闻发表时间，填写关键字，如"中泰""一带一路"等，网站就会显示相关的新闻。而《国家报》只能通过关键字搜索而没有时间过滤功能，难以定位到合适的新闻，因此需要更多的时间来收集相关新闻报道。所以，对于《国家报》，只能通过谷歌网站进行搜索，使用合适的关键词，并以"国家报"作为关键词结尾。

第三，收集了相关新闻之后，我们发现，部分新闻标题中直接包含了主要关键词，但部分新闻标题中未包含关键词，而新闻内容与关键词紧密相关，因此本文仍将它们作为研究素材进行统计分析。另一个问题是，部分新闻的内容比较直接，而部分新闻需要进行深入的细节分析才能获得这些内容背后的含义。针对该问题，本文对相关关键字进行设置，以获得跟具体的分类相关的新闻。

为确保由此产生的编码表不受主观因素的影响，作者与在新闻机构从事内容编辑的朋友共同进行了编码内容分析。从搜索相关新闻、收集数据、阅读所有收集到的新闻到按类别分组并设置编码表，共花费了7周的时间。编码表中设置"0"意味着"没有"或"否"，"1"意味着"是"。

综上所述，本文的前期研究工作主要是对两家媒体报道中符合本文研究内容的新闻进行筛选，然后在仔细研读新闻的基础上，根据编码方案进行了归纳，以期能够通过本次研究反映出泰国新闻机构对中国形象的构建状况，以及构建的原因。

（四）关于选取的新闻素材来源和数量的解释

从编码表中可以看到，对于两家新闻机构在报道数量的选取上有所区分。下文内容主要围绕数量选取原因，以及数量的不同是否会对本文研究结果产生影响展开。

众所周知，新闻媒体应该在新闻报道中保持中立的态度，不应该有明显的态度倾向。但是受企业自身文化的影响，一些媒体难以保持中立的态度。本文之所以选择对这两个新闻机构进行研究，是因为《曼谷邮报》和《国家报》是私营的新闻机构，没有政府资金的支持。因此，《曼谷邮报》和《国家报》可以在企业自身文化的影响下有选择地进行新闻报道工作。本文从《曼谷邮报》和《国家报》中收集新闻报道后发现，两家媒体报道的新闻焦点不同，各有所偏重，相互补充。《曼谷邮报》更侧重于经济和社会报道，但也会对政治性事件进行报道。而《国家报》主要是由政治家控制的，因此更倾向于关注政治事件，大部分新闻集中在政治领域。二者侧重领域不同，因此，本文对两家媒体机构的新闻报道数量有所区分。在语言方面，《国家报》提供泰语平台，而《曼谷邮报》只有英语平台，因此大部分《国家报》报道的新闻都会在泰语平台发布。但是，这对本文研究没有影响。这是两者新闻数量不同的另一个原因。

（五）编码信度校验

为了保证编码的客观、科学可信，本文进行了编码的信度校验。T 为信度，K 为相互同意度，$N_{栏目}$ 为两个编码同意度，N_1 和 N_2 为编码的类目数量。

公式为：$T = 2K/(1+K)$，

其中，$K = 2N_{栏目}/(N_1+N_2)$

最后公式简化为：

$$T = \frac{4N_{栏目}}{N_1+N_2+N_{栏目}}$$

本文随机抽样 30 篇（每个媒体 15 篇），由笔者和在媒体工作的朋友单独进行编码。经过分析，两者之间信度为 90%，符合编码可接受的范围。

二、数据分析

（一）报道篇数分析

本次研究统计了《曼谷邮报》和《国家报》两家媒体从 2015 年到 2019 年之间关于中国的报道（见图 5-1）。其中《曼谷邮报》在 5 年间一共报道 252 篇关于中国的新闻，《国家报》报道了 120 篇。《曼谷邮报》报道的数量明显高于《国家报》，这是由于《曼谷邮报》主要服务于社会民众，以经济和社会报道为主；而《国家报》主要服务于政治，以政治文章为主。

总体上，新闻报道篇数呈上升趋势，这也显示了中国的国际地位越来越重要，受到更多外国民众的关注。

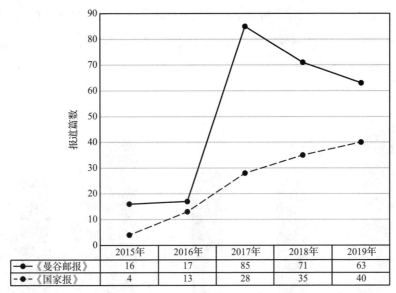

图 5-1 报道篇数趋势图

（二）报道来源分析

从报道的来源来看，主要有 4 个方面，分别为：中国官方媒体、国外官方媒体、民间报道和专业机构报道。其中，专业机构报道的总占比最高，达到了26.44%。对比《曼谷邮报》和《国家报》两个媒体机构可以发现，他们的新闻引用源存在较大差别。《曼谷邮报》的新闻报道主要来自中国的官方媒体，其次为专业机构，从外国媒体引用的报道最少。而《国家报》的主要报道来源是专业机构，其次才是中国官方媒体。

表 5-1 报道来源交叉分析表

	中国官方媒体	国外官方媒体	民间报道	专业机构报道	其他	合计
《曼谷邮报》	148	102	117	139	111	617
《国家报》	43	18	16	95	96	268
合计	191	120	133	234	207	885
比例（%）	21.58	13.56	15.03	26.44	23.39	100.00

由此可以看出，《曼谷邮报》在采用新闻来源时，更加偏向于采纳中国官方媒体的说法。这也从侧面可以看出，《曼谷邮报》对中国官方媒体的说法大多采取信任态度。

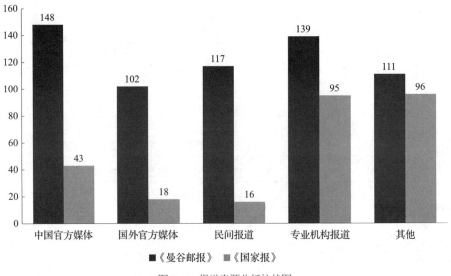

图 5-2　报道来源分析柱状图

（三）报道体裁分析

本次研究将报道体裁分为消息、评论、专访和特别报道（调查）四类。消息是《曼谷邮报》和《国家报》两家媒体使用最多的报道体裁。在筛选出的所有新闻报道中，消息体裁的报道最为常见，占到 36.8%，达到所有报道的三分之一以上。笔者认为，消息传播迅速，文章言简意赅，读者可以在短时间内了解新闻，互联网的发展，这让信息传递更加即时有效，从而满足受众的要求。

目前两家主流媒体更热衷于探究各种事情的基本背景、根本原因，对实际情况的发展和涉及的信息内容开展多维的描述与发布，从而较为完善、全面地报道事情经过，或是预测事态下一阶段的走向和趋势。除了报道的新闻外，两家媒体还建立了评论、特别报道等板块，所占篇幅比例不大，但是可以让受众更好地表达自己的观点和态度。尤其是特别报道，更能直接反映出媒体的态度。

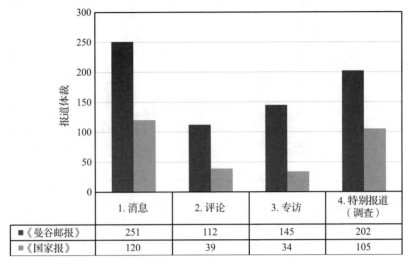

图 5-3　报道体裁交叉分析柱状图

（四）报道主题分析

报道的主题能够确定两家媒体对于中国形象的塑造。本研究将报道的主题分为下图中的几类。从统计的结果来看，两家媒体的报道重点均在经济和商业、政治、基础设施建设这三个领域。对社会和人文领域、环境领域的报道均偏少。由此可以看出，泰国媒体对中国国家形象的塑造是建立在中国与泰国的商业往来、政治交往的基础之上。而基础设施建设领域主要包括中国的基础设施建设，以及对泰国基础设施建设的投入。

为了进一步了解泰国媒体报道的兴趣点，本文对报道的关键词做了统计。可以看出，这些关键词主要分布在经济和商业、政治以及基础设施建设领域，与上文分析的报道主题一致。其中，在"一带一路"框架下涉及的"和平与发展""中泰合作"的关键词最多，说明泰国主流媒体最为关注的是"一带一路"对于泰国经济发展的影响。

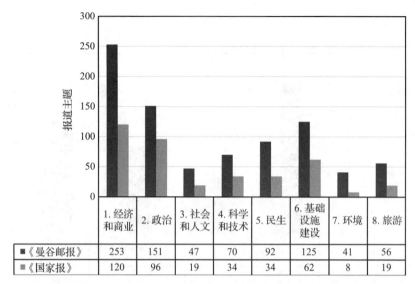

	1. 经济 和商业	2. 政治	3. 社会 和人文	4. 科学 和技术	5. 民生	6. 基础 设施 建设	7. 环境	8. 旅游
■《曼谷邮报》	253	151	47	70	92	125	41	56
■《国家报》	120	96	19	34	34	62	8	19

图 5-4　报道主题交叉分析柱状图

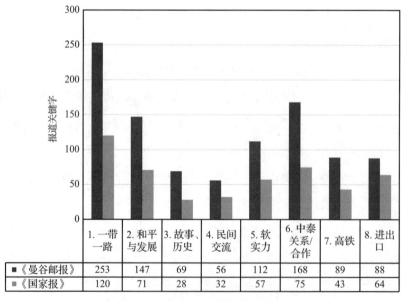

	1. 一带 一路	2. 和平 与发展	3. 故事、 历史	4. 民间 交流	5. 软 实力	6. 中泰 关系/ 合作	7. 高铁	8. 进出 口
■《曼谷邮报》	253	147	69	56	112	168	89	88
■《国家报》	120	71	28	32	57	75	43	64

图 5-5　报道关键词交叉分析柱状图

第三节　泰国媒体报道内容分析

一、报道内容理论分析

泰国媒体作为泰国民众获取中国新闻及"一带一路"资讯的重要渠道，有着引导舆论的作用，泰国媒体的报道和态度将潜移默化地影响泰国民众的态度。媒体的过度解读会给中国形象带来负面影响。比如，在泰国政府的影响之下，主流媒体对中泰高铁进行了明显的议程设置，希望从舆论上影响中泰高铁的谈判走向。总体来讲，泰国媒体的报道遵循传播学的经典的新闻准则，分别为"事实原则""内部控制"和"外部压力"。下面就这几个方面进行重点论述。

（一）基本遵循"新闻常规"

新闻媒体属于社会实际情况的符号系统，新闻媒体的主要任务是帮助民众认识社会的真实情况。为了承担起主要任务，媒体长期提供固定认知观点并组织报道内容，从而进行解释。在媒介组织方面，新闻是用来判断真实性的重要切入点。报道规范是为确保新闻工作的正常进行而制定的程序，所以可以将其视为限制社会事件的机制。

新闻理念属于综合性的概念，主要包含新闻工作人员对新闻含义、新闻价值、新闻规律、新闻报道手法等多种内容的观点和认识。不同的新闻理念会产生不同的实践，并且对新闻报道的现象发出不同的评论。新闻理念在不同社会时期、不同国家的表现也都不尽相同。新闻理念是通过记者和新闻编辑人员对新闻事件的选取、报道手段和处理方式外化表现出来的。20 世纪 90 年代以来，尤其是金融危机之后，泰国国内受到西方影响，新闻理念发生了巨大的变化。媒体为了应对市场变化带来的压力，将重心逐步转为消费主义，也就是新闻的内容要注重受众的喜好，要具有实用性。美国的报刊有超过一半的收入来自广告商的赞助，而广播、电视的收入则全部依靠广告。受众、广告和媒体是密不可分的，报道的新闻内容在很大程度上要考虑受众的接受程度。

首先，为了满足消费者（受众）的需求，媒体顺应而不是改变既有的文化和意识形态框架来报道他国新闻。读者是新闻媒体的服务对象、新闻信息的消费者，虽然媒体的新闻内容会影响受众的信息接收，但是读者也会反作用于媒体的发展。"人们获取知识（或信息）的内在机制在于新的知识材料（或信息）与主体已有的认知结构相互联系和作用的过程，两者的互动模式决定着现实生活和生产实践活动以及知识（或信息）传播活动中人们学习过程的本质，这一本质蕴含在主体认知结构的不断扩展、分化和重组的过程中，正是在这一过程中，认知结构本身得以更新，进而为人们进一步的认识和实践活动提供新的基础。"[1] 这可以理解成，媒体若想吸引更多的消费者并能保持消费群体的稳定，那么他们在报道新闻内容时就需要了解这些消费者的意识形态和思考过程，不然，媒体就不能得到读者的青睐。因此，媒体报道新闻时需要考虑新闻本身的"卖点"，这个"卖点"已经经过了市场多年的检验。在这个被受众熟悉和认可的框架里，媒体在报道时就不会存在很大的压力，也不会对受众的理解能力带来挑战，所以更易被接受。在"中日高铁大战"中，泰国媒体就抓住了"日本产品好"这一卖点，赚足了泰国普通老百姓的好感。

从这次研究的两家媒体的报道内容和数量来看，在报道有关两国之间利益的新闻的时候，报道量就会增加，同时媒体的新闻来源有明显倾向。有关"一带一路"中泰高铁项目谈判的新闻报道就是一个例子。如《曼谷邮报》（2015 年 6 月 15 日）在刊登的《前财政部部长劝告泰方政府重新考虑向中方贷款修路》一文中，报道了泰国前财政部部长曾提出反对声音，并告诉泰国政府应该重新考虑中国给泰国贷款修建铁路一事。他认为，在这个合作过程中，中国会获得更多的利益。《国家报》（2015 年 12 月 2 日）刊登的《国防部副部

1　郝东生 . 民生新闻受众生态环境分析［J］. 新闻爱好者，2011（1）：2.

长称泰中铁路应保证双方平等》一文也针对泰国国防部副部长讲话中的质疑声音予以评论，指出"泰中两国的合作应该保持着平等互利的原则"[1]。

媒体还指出，泰国是一个以农业经济为主的国家，修建铁路必然要征用铁路沿线的很多耕地。征收农民依靠的土地，当地人自然是反对的。征地赔偿仍然是一个没有解决的问题。修建铁路对沿线的生态环境可能造成的破坏也是舆论的焦点。只有十分注意保护当地环境和自然资源，才能让当地人放心，继而积极地参与到泰中铁路的建设中来。

媒体多次选用日本等国家的新闻报道来说明当泰国提出修建高速铁路计划时，铁路技术发达的国家，如中国、日本、德国等，都对泰国表示了合作意向。媒体的舆论导向偏向于日本，在报道中多次对其表达赞赏。如"泰国与日本两国有着扎实的经济合作基础。日本一直是泰国最大的投资来源国，也是泰国第三大出口市场，对泰国经济有较大的影响。日本资本几乎涵盖了泰国重要的工业部门，包括大量投资汽车制造业、食品、纺织、化学、电器等工业。日本通过低利息日元贷款为泰国提供了包括基建、农业、水利电力在内的大规模援助。日本大、中、小企业在泰国的投资也提供了大量的工作岗位"。在技术层面，"日本在 1964 年修建了连接东京到大阪的铁路，成为世界上第一个将高速铁路投入运营的国家。日本新干线运营已 55 年，安全纪录良好，没有重大伤亡事故，被誉为世界上最早最安全的高铁。新干线拥有独立、系统完整的核心技术，还具有最先进的抗震减速技术，可在地震波到达前减速。……日本没有在热带地区建设高铁的经验，对东南亚的地理环境并不十分熟悉。新干线还具备极短发车间距、高准点率、舒适度较理想等优势"这些报道都将公众的视线吸引到了日本技术上，对中国造成了不少舆论压力。

（二）媒体"内部控制"凸显政府"监督"

除了新闻常规外，媒体的"内部控制"也会给新闻内容的产生带来影响。

1　罗圣荣，饶睿颖 . 泰媒视角下的中泰铁路合作［J］. 东南亚南亚研究，2017（2）：51-55.

内部控制指的是"新闻从业人员的工作环境对最终内容的作用效果"[1]。新闻工作人员通过阅读能够体会出编辑对某些内容更感兴趣，从而揣测上级的意图来更改自己的新闻内容。

从目前泰国国内的新闻报道体制来看，泰国的大众传媒受泰国公共关系部的广泛监督。该部门每天发布有关泰国国内和外交事务的新闻公报，供报纸、网络在内的各种载体使用。新闻公报也由其他政府机构发布，包括 1976 年成立的泰国通讯社，它实际上是总理办公室下属的一家国有企业。泰国通讯社主要关注泰国国内事务，外国新闻是从在曼谷设有办事处的国际通讯社收集的。

在该环境下，新闻工作者编辑新闻的实际情况受政府部门、相关行业影响。比如，媒体在搜集新闻和编辑文稿过程中，会事先评判该社会事件能不能成为重点新闻。而团队内部的社会化过程和组织文化同样会影响记者、编辑的判断和选择，还会直接改变新闻中的具体内容。

此外，在信息传播的众多因素中，经验范围也显得尤为重要。经验范围是传播得以实现的基本背景，它影响读者在接受信息时对于文本所描述事件的理解程度，因为读者在接收信息时需要凭借自身掌握的知识进行理解。在国际信息传播的过程中，因为传播者和信息接收者所处的政治文化背景不同，所以读者无法准确地理解接收到的信息。另外由于在新闻编写的正常流程中，记者和编辑人员拥有的时间有限，因此他们需在规定的时间内进行判断、取舍。所以，当对其他国家的新闻进行报道时，由于时间紧张和社会文化背景的差异，他们可能无法传递出正确信息，这时候就可以根据框架进行判断。臧国仁曾经提出，框架的含义是人或组织对事件的主观解释与思考结构[2]。这种主观的理解能够帮助人们快速地理清信息要素，从而节省时间、提高准确性。此外，由于很多人会根据平时的思考方式来实现信息的获取，所以可能在思考时忽略了现实情况，从而产生偏见。换句话来讲，文化差异的存在会影响新闻报道。当新

1　陈霜．新闻工作者在新媒体环境下的问题和反思［J］.戏剧之家，2020（6）：201-202.

2　臧国仁．新闻媒体与消息来源［M］.台北：三民书局股份有限公司，1999.

闻从业人员对某一国家的文化、政府以及人民缺乏了解的时候，他们就很容易倾向于政府的立场，导致缺少对报道主体的分析，以致无法全面、系统、客观、公平地报道有关这个国家的消息。这就是泰国媒体相较日本、韩国媒体，在报道中国新闻的时候会更加客观的原因。

国外媒体关于中国的报道大多存在偏见，而大量的负面报道进一步影响了国外大众对中国形象的认知。实际上，负面新闻和负面报道是两个不同的概念。负面新闻是新闻的原始信息，本身不具有倾向性，负面新闻并不一定属于负面报道。负面报道具有人为的倾向性，表达的内容绝大多数是带有消极影响的[1]。因此，在泰国媒体中，虽然时常会有负面新闻出现，但是带有负面报道的新闻却不多，基本能做到客观和平衡。

比如，泰国媒体针对中国高铁的报道主要集中在"中国已经成为世界第一大高铁国家，高速铁路运营里程居世界第一""中国在与泰国地理环境相似的热带地区如云南、海南岛等地，已经具备了十分娴熟的高铁建设及运营管理的有关经验""海外建设经验比日本更丰富……中国高铁成本较低"。以上的报道内容相对客观，但是由于媒体的报道具有倾向性，泰国民众普遍认为日本品牌更具影响力。泰国因为国内铁路市场需求巨大，选择分别与中国、日本合作，开放市场，吸引不同的外部投资。当然，其中也不乏相当数量的负面报道，负面报道的内容主要为泰国民众对于中泰铁路建设项目的质疑、担忧中国高铁的安全性等。

至此，虽然中日两国在泰国高铁市场上的竞争已告一段落，但是媒体在报道中刻画的"中国形象"已经被泰国广大民众所接受。

（三）"外部压力"愈加明显，政治集团操控媒体

新闻舆论是国家上层意识形态的重要内容，它和国家的社会制度与意识形态存在十分紧密的联系，很多新闻媒体都会受到集团、组织的支持，因此它们

1　龚德忠. 网络环境下的公安舆论引导机制建设［J］. 湖北警官学院学报，2013（11）：3.

也是政治意识形态的一种体现。

虽然从表面上看，政府并不会对媒体采取限制、引导措施，但是因为经济和国家政治制度的作用，媒体会代表一些人的利益，所以在报道内容上会有一定倾向性。

政治对媒体的操控主要体现在媒体对于其他国家的新闻报道上，在有关中国的报道上，泰国政府影响媒体的案例随处可见。如在"高铁谈判"事件中，泰国政府方面就以老挝和缅甸等其他国家的现实情况来说明高铁对泰国经济的帮助，然而政府更替之后，则对此持负面态度。显然，就泰国媒体的报道而言，媒体确实为政府服务，发布对政府有利的报道。

总而言之，很多原因相互作用影响着《国家报》和《曼谷邮报》在内的泰国媒体的态度，决定着有关中国报道内容的价值观念。

二、报道写作的特点

（一）使用直接引语

胡乔木指出："每个人都可以发表自己的意见和看法，新闻属于一种无形的意见，因为从文字的表述中大家都会以为，表达看法的人在客观地表达他的所见所闻。但是由于每句表达都会有一个核心观点，那么读者如果认同这个事实就也会认同其中的观点。"[1] 这些无形的观点会在新闻报道中传递给读者，并产生一定的影响。在新闻编辑的过程中，存在多种用事实说话的方式，运用直接引语就是其中重要的一种。西方的媒体新闻都十分喜欢用直接引语的方式来阐述事情经过，《新闻报道与写作》[2] 一书中就提到，直接引语能够让新闻的内容不再单调，并且更具说服力。运用直接引语就相当于在告诉读者，他们与主人公之间已经建立起重要联系。引号的出现会引起读者的重视，直接引语还能

1　胡乔木. 胡乔木文集［M］. 上海：上海人民出版社，1993.

2　李希光. 关于新闻的定义与新闻写作［J］. 新闻与写作，2012（3）：4.

改变新闻的节奏和韵律。

在《国家报》和《曼谷邮报》关于中国经济的报道中，无论哪方面的内容，无论作者的看法如何，都可以发现那些作者采用直接引语的热情非常高。如《国家报》在报道我国"十四五"规划时，直接引用了国务院总理李克强的相关讲话，可见记者可以利用新闻报道中的新闻人物之口，表达出自己想讲但又不方便直接说的话，使报道看起来更加客观、更加现实、更加具有代表性。

（二）强调新闻来源

新闻来源分为直接来源和间接来源两种。前者是媒体记者直接采访所获，后者是转发电讯或外部来稿。除了讲述自身经历，不然新闻编辑人员在进行新闻报道的过程中，一定会使用新闻来源提供的信息。

对两家媒体的分析表明，泰国媒体比较喜欢注明新闻来源，因为这样可以保证新闻内容客观公正，有据可查，此外还可以增强新闻内容的可信度。读者在阅读新闻报道时，一方面想要了解信息的详细内容，另一方面想要了解新闻来源，从而在心中衡量新闻的可信度。假如媒体的新闻报道不注明来源，那么读者就无法作出上述推测，也无法确定信息内容的真实程度。

通过信息来源，媒体能够证明信息是有事实依据的，提高信息的可信程度，此外还可以借此来表达记者的想法。《国家报》和《曼谷邮报》在新闻事件的表述上，均对新闻来源作了明确说明，借此来表明自身立场。如在"中泰高铁项目谈判"的报道中，媒体将印尼、土耳其等国家与中国高铁合作的事件一一列举，并公布了很多有力的数据，以此证实中国高铁的轨迹已经穿洋过海，遍布世界。这样的描述的确会让民众更加相信报道的真实性。

（三）注意平衡措辞

泰国的新闻界受泰国外交政策的影响，善于使用平衡的表述方法报道新闻内容。在讲述主要内容的过程中泰国媒体也会考虑其他内容。最明显的例子就是媒体对于中国和日本竞争高铁项目的报道。泰国媒体的做法是通过突出"主要方面"表达倾向性（部分民众倾向于日本高铁），同时又能利用相反意见，给人以"客观、全面"的印象（对中国高铁发展状况的赞扬），提高报道的可信性。由于两家媒体均为泰国国内的主流新闻媒体，在新闻界的影响力较大，它们经过多年的发展已经可以熟练地运用平衡手法，读者也十分熟悉这种新闻表达方式，所以平衡手法的运用还可以促进读者的理解。

合众社的斯克里普斯对记者提过下面的要求："在争论中，你一定不要带有倾向性或站在某一方面。你不可能做到总是完全客观，但你必须永远力争把争论双方的观点都反映出来，在报道中让受众读到、听到或看到多种不同的声音或观点。平衡并不是自己站在争论的正中央的位置。"[1]《纽约时报》的拉尔夫·布卢门撒尔说，记者向所有方面、所有观点开放，但是那不意味着记者在一篇报道中必须做到极端的平衡，事实不是 50 对 50。在对十分复杂的国际事务进行报道时，更要注重平衡手法的运用，才能做到游刃有余，让新闻内容的表述不会过于直接。使用平衡手法的目的是更加清晰准确地表现事物间的基本关系。泰国媒体在新闻报道中采用这样的方式也和泰国政府的外交政策密切相关。

三、泰国媒体议程设定的因素分析

新闻媒体如何报道现实事件，一直是广受重视的研究课题。不少学者指出，较为传统的新闻学知识受实际工作的启示过深，对于新闻媒体在信息产制中的作用理解不清，有些夸张，将来应该重新分析一些社会上的组织和新闻媒体的相互作用关系。

臧国仁曾经指出，在组织层次上，"新闻常规""内部控制""专业理解""外部控制"都会影响媒体新闻报道内容的选择和倾向。从个人角度考

---

1 刘敏 . 媒介生态视阈下的新闻平衡报道研究［D］. 上海：复旦大学，2012.

虑，媒体从业人员的知识水平是新闻内容甄选、信息转换的重要因素。从文本的角度考虑，新闻内容的句子结构、语法、修辞手法等都是信息呈现的重要方式；同一件事情，不同的文本组成呈现出的效果也会存在很大差异。臧国仁还指出，"新闻产制是一种会一直受到非正常条件影响和限制的社会行为"[1]。

由前文论述及分析可知，泰国媒体在进行"议程设定"时受到了各方面的影响，本文主要从理论的角度进行分析。

Woo 认为，"议程设定"是工作人员、消息来源、受众、社会环境间的相互联系的结果[2]。在"议程设定"形成因素的相关研究中，Dietram 认为，目前最少存在五种因素影响"议程设定"，它们为：社会环境中的价值规范、组织的限制、资本的压力、新闻常规和工作人员的思想情况[3]。一个议题在媒介上怎样呈现是社会环境以及新闻常规相互作用的结果。Edelman 认为，"议程"的确定会受到意识形态的影响[4]。Gamson 和 Modigliani 则认为，"议程设置"的出现能够解释为新闻常规和实际情况与资本压力间的关系以及由此造成的结果[5]。

此外，泰国政府对媒体新闻的干预越来越深入，这也是影响媒体议程设置的一个重要因素。例如泰国公共广播管理局副主任 Wasan Paileeklee 在一次演讲中就公开表示，政府的干预政策是一项很好的政策。在这样的背景下，泰国

1 臧国仁. 关于传播学如何教的一些想法——以"基础新闻采写"课为例［J］. 新闻学研究，2000（65）：19-56.

2 肖玲. 框架理论视域下里约奥运会闭幕式报道对比研究——以《泰晤士报》和《人民日报》为例［J］. 2017（8）：47-48.

3 DIETRAM A SCHEUFELE. Agenda-Setting, priming, and framing revisited：another look at cognitive effects of political communication［J］. Mass Communication & Society，2000，3（2/3）：297-316.

4 EDELMAN M. Contestable categories and public opinion［J］. Political Communication，1993，10（3）：231-242.

5 GAMSON W A，MODIGLIANI A. Media discourse and public opinion on nuclear power：A constructionist approach［J］. American Journal of Sociology，1989，95（1）：1-37.

主流媒体设定有利于国家利益方向的框架不足为奇。

从上述研究人员的分析结果中可以看到，从主观的角度出发，工作人员的思想倾向、新闻理念等很多因素都会对"议程设定"造成影响，但是从客观上看，社会中不同利益团体的施压也会给议程设定带来影响。

第四节　中国形象的泰国媒体再现及其影响因素

一、泰国媒体再现的中国形象

（一）国力上升，增长显著

周鸿铎在《文化传播学通论》一书中指出："国家形象是由全球范围内的公众对国家行为和其他活动以及成果所反馈的评价和看法。国家的形象属于综合体，是一个国家综合实力的体现。"[1]国家综合国力是国家形象形成的主要因素之一，因为综合国力是反映一个国家基本情况的关键性依据，也是反映一个国家经济、政治、军事和文化的综合性因素。在中国的发展历程中，国外媒介在不同的话语维度与框架内所再现的政府形象是有差异的。由于市场经济发展，出现了社会结构与社会权力的分化，其影响已经进入国外媒介场域，并对该场域内的媒介组织及其从业者的实践发生作用并促使其产生变革。在此，市场力量起到了"释放"的作用，在一定的程度上促使传媒类型及传媒话语向着多样化、多元化的方向发展转变[2]。

目前，中国的综合国力在世界排名第二。经济实力是综合国力的决定因素之一，国家间竞争的根本原因是自身的利益不同，国际竞争的能力主要依靠国家的经济发展水平。目前，中国是世界上经济发展最快的国家，同时也是世

1　周鸿铎.文化传播学通论［M］.北京：中国纺织出版社，2005.

2　张宁.中国转型时期政府形象的媒介再现［D］.上海：复旦大学，2007.

界第二大经济体。因此，泰国媒体对中国经济也比较关注，报道了中国经济飞速发展的事例和各项经济措施，如中国的"一揽子计划"、中国提出"一带一路"政策与周边国家一起发展经济、中国倡导建立了亚洲基础设施投资银行以及中国在海外的投资，其中最为关注的就是 2020 年的中美贸易摩擦。对此，泰国主流媒体还是采取客观中立的态度来报道的。

作为泰国发行量最大的两家主流报纸，《曼谷邮报》和《国家报》的报道内容较为一致，但是各个板块的占比略有差别。经济类的新闻报道，《曼谷邮报》更多一些（图 5-6）；政治类的新闻报道，两家媒体在数量上没有很大差别。政治类新闻报道主要为领导人会晤、谈判、与东南亚关系等。普通百姓的生活、教育方面的报道也有涉及。

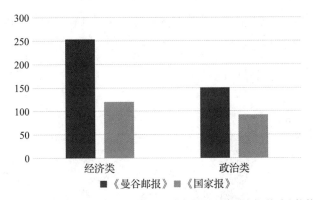

图 5-6　《曼谷邮报》和《国家报》中经济类报道和政治类报道对比柱状图

（二）经济稳定，势头持续

从经济方面来看，泰国媒体报道的主要内容为经济发展的基本情况。《曼谷邮报》和《国家报》通过大量报道中国经济新闻来塑造中国形象。《曼谷邮报》几乎每一期在经济板块都会报道中国经济的新闻内容，经济板块的中国新闻报道占该媒体中国新闻报道总量的 35.70%，主要内容为中国经济的基本情况和相关企业的发展状态，如中国国内经济建设、中国企业海外投资、中外经贸合作、东盟自贸区、金融及其他经济新闻。有关中国的经济报道主要来源于中国的两家媒体平台，分别为新华社和中新社；主要内容多为国家领导人的出访、会晤，著名专家学者的介绍等。

经济新闻报道以正面报道为主，内容主要是中国目前较好的经济发展状态和经济举措，并将这种现状与世界经济复苏建立关系，突出中国经济发展对世界变化的促进作用。这类报道对中国经济稳速增长满怀期待和肯定，并坚信在当前的全球金融危机中，中国能够凭借自身的实力和水平保持较好势头。因此，国外媒体对于中国的正面报道能够让中国吸引更多的海外投资，对于中国经济进一步的发展壮大有积极作用，也能构建出更加正面、积极、成功的国家形象。

从整体上看，中国的经济发展对其他国家的发展变化有促进作用（图5-7）。近年来，泰国媒体对中国的报道越发频繁，这和中国的迅速发展是密不可分的。中国近年来涌现出很多世界排名靠前的企业，并在世界范围内和各国建立密切关系。中泰两个国家间也建立了密切的经济合作关系，从新闻报道的内容上也可以看出两国的良好关系。

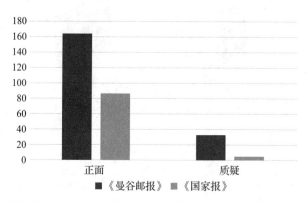

图5-7 《曼谷邮报》和《国家报》中对经济报道的正面报道和质疑报道对比柱状图

（三）文化繁荣，市场活跃

泰国有着全世界最大的华裔族群，因此《曼谷邮报》和《国家报》经常报道有关中国文化的新闻内容，宣传和构建中国形象。报道内容主要为中国的传统节日和风俗习惯，现代的文化内容不是很多。报道中的图片数量较少，只有3篇配了相关的图片。新闻的主要来源是新华社和中新社，以中立报道为主。媒体的报道和相关评论宣传了京剧等中国文化，进而在文化上构建源远流长的中国形象。比如，《中国传统戏剧孕育了京剧》中介绍了京剧的起源，作为中国的国粹，京剧的产生其实才两百年左右，同时文章还阐述了京剧的形成原因。《中华艺术奇葩——颖拓》介绍了颖拓产生的原因、发展情况以及内涵，文章还对各种绘画、书写方式进行了解释，展示了中国优秀文化的独特魅力，构建出文化源远流长的中国国家形象。

二、"一带一路"专题宣传

本文采取了常规议题分析和报道方式分析两种方式对《国家报》和《曼谷邮报》的新闻样本进行分析。报道方式分析在前面已经详细论述，此处重点论述常规议题分析。

首先，由于中国提出的"一带一路"倡议和泰国正在推行的"泰国4.0计划"不谋而合，因此两家媒体在报道中一直强调"中泰合作"的主要基调。其次，在谈到"一带一路"的建设或者与"一带一路"建设相关的项目（如高铁）时，泰国媒体对中国影响力的评述基本是"扩大中国的全球经济利益和地缘政治影响力"，因此，他们认为虽然西方国家比较抵制，但对东盟国家来说，经济上的积极因素更多。再次，泰国媒体都不约而同地表达了对"一带一路"相关项目产生的社会影响的担忧，如相关新闻将之报道为"资金支持和幕后交易""沿线土地开发"造成的所谓"中国霸权主义"（多为引用西方媒体表述）。另外，泰国媒体还特别善于通过展现泰国在外交上的博弈和平衡来侧面凸出中国的国家形象。比如，在高铁项目的建设上，在引用西方媒体所谓的中国"霸权影响"时，谈到了泰国外交上的"左右逢源"。

总体而言，泰国主流媒体有关"一带一路"的新闻报道基本持中立态度，一方面认为"一带一路"项目能够促进泰国经济的发展，另一方面也存在担忧、防备的心理。

（一）加强中泰合作是主基调

泰国与中国的友好关系源远流长，中国是泰国重要的贸易伙伴，而泰国也常常作为桥梁推动中国与东盟的合作。就地理位置而言，泰国处于东南亚较为核心的地区，同时是一个海陆兼备的国家，对于中国加快推进"丝绸之路经济带"和"21世纪海上丝绸之路"建设有着重要意义。泰国政府深刻意识到其在"一带一路"建设中的优势以及"一带一路"建设给泰国带来的机遇，因此泰国政府对于"一带一路"建设持欢迎态度，对于共建"21世纪海上丝绸之路"表达了积极的意愿，同时对于亚洲基础设施投资银行的筹建也显示出支持的态度。泰国媒体也积极主动地对"一带一路"建设进行报道，帮助泰国各方更好地了解"一带一路"给泰国带来的切实利益，更好地促进两国合作。但在泰国和中国共同推动"一带一路"建设的过程中，还存在诸如泰国政局动荡、地区恐怖主义等问题，加之中国经济的快速发展与泰国经济的低迷形成对比，容易使泰国受到"中国威胁论"的影响，这些都可能会影响泰国对"一带一路"建设的积极性，因此中泰合作任重道远，需要两国坚持不懈的努力。[1]

两家媒体在报道中，不约而同地表明中国是泰国企业投资的重要地区。每年都有报道不断重申这个议题。在"一带一路"的议题框架下，几乎所有的新闻报道都重申了中泰合作的重要性。比如，2015年，《"团队合作"是丝绸之路的关键》一文就提到中泰两国的合作是"一带一路"重要的一部分。与"一带一路"倡议类似的是，泰国提出了"东部经济走廊（EEC）"计划，意在联通东亚经济圈。泰国媒体也常将EEC与"一带一路"相提并论。有报道表示，泰国政府正在打造EEC，并且使之成为中国"一带一路"的一部分，进而成为连接中国和欧亚的纽带。报道对"一带一路"的建设持肯定态度，认为由于美国国际贸易政策的变化，英国退出欧盟，以及全球自由化政策带来的日益严

1　秦煜人."一带一路"国际传播与中国国家形象塑造［D］.上海：上海交通大学，2016.

峻的挑战，现在世界充满了不确定性，一带一路是世界的新希望。

有记者引用了多名泰国政要以及中国政要的讲话，意在说明在目前的大背景下，中泰应该加强合作，并且互惠互利。Wiboon 在泰国国立法政大学的论坛上也认为，这也很好地符合了东盟的连接政策，通过基础设施的发展，特别是与泰国的交通联系，中国可能在未来十年内从抽象的合作步骤转变为具体的合作步骤。

有报道引用了泰国副总理出席中泰铁路合作谅解备忘录签署仪式时的讲话，列数了中泰在"一带一路"框架下的合作项目，反映出泰国政府对合作总体持积极态度。尚基德表示，泰国和中国还同意强调贸易和投资，同时计划在未来五年内将双边贸易翻一番，达到 1200 亿美元。

本文对收集的样本进行了统计，其中报道基调偏向于"中泰合作利大于弊"的占绝大多数，分别为 72% 和 66%；认为"中泰合作弊大于利"的比例较小，分别为 11% 和 25%；认为"利弊平衡"的占到了 17% 和 9%。

表 5-2　两家媒体有关中泰合作利弊观点的统计表

	中泰合作利大于弊	中泰合作弊大于利	中泰合作利弊平衡
《曼谷邮报》	33	5	8
《国家报》	21	8	3
合计	54	13	11

（二）中国崛起对东盟国家的发展是积极因素

在泰国媒体设定的框架中，谈论中国经济的发展时的态度与西方媒体有所不同。大多数报道都认为，中国经济持续、高效的发展推动了东南亚，甚至是整个亚洲地区的发展。但是其中有一些报道呈现出明显的倾向性，经过本文分析，主要原因是新闻来源不同。若泰国媒体的新闻来源是中国官方或者中国新闻媒体的报道，则泰国媒体报道多是正面的、积极的。但是若泰国媒体的新闻来源是西方媒体，那么大多会呈现出比较负面的倾向。

从本次研究统计可以看出（表5-3），多数的新闻报道认为，中国崛起是东盟国家发展的积极因素。

表5-3　有关"中国崛起是不是东盟国家发展的积极因素"观念的统计

	是	否
《曼谷邮报》	16	4
《国家报》	19	2
合计	35	6

有文章转述了泰国前外交大臣德吉·邦纳（Tej Bunnag）以及前内政部副部长基特·迪拉维金（Likhit Dhiravegin）的讲话，认为中国的崛起并不是威胁，而会带来更多的繁荣。他们认为，现在应该协助中国在东南亚地区发挥更大的积极作用，而不应该把中国的崛起当成不稳定因素。

但是媒体中仍然有一些人对此持保守态度，比如某文章虽然并没有直接阐述"中国威胁论"，但是对中国在"大湄公河次区域（GMS）中的作用"进行了阐述，并让读者自行进行思考。文章中的一些论调还是偏向保守，如"中国最近的活动引起了人们对其在国际社会中的方向的某些担忧。其中包括'海上丝绸之路'战略、'一带一路'政策……"

《曼谷邮报》在报道此类新闻的时候，大多保持较为客观的态度。比如，有文章认为，特朗普当选总统后，贸易保护主义抬头，这促使世界转向中国，希望它与欧洲国家一道，可以帮助在世界范围内扩大贸易和投资合作。实际上，中国在经济和政治范围内扩张的活动是其当前正在经历的转型的一部分。为了维持经济增长，中国需要向内和向外的转型，这不仅会重塑经济，还会影响世界经济，并对泰国产生一定影响。这篇文章首先肯定了中国经济崛起对世界经济格局的影响，然后指出了目前中国经济存在的问题。"该国现在面临许多传统产业的产能过剩以及很高的私人债务水平。随着劳动力的减少和劳动力成本的上升，中国已接近传统经济模式的极限。"但是文章并没有陷入对中国经济地位的描述中，而是针对问题对中国目前政策进行了解读，并就泰国经济如何融入中国经济转型进行了重点论述。总体来讲，该方面的报道的态度是积极的。

（三）从中泰高铁项目谈判对泰国外交政策的冲击来反观中国国家形象

泰国媒体非常善于利用对本国政策的评论来侧面表现中国的国家形象。如，泰国政府在高铁的选择上一直摇摆不定，从最初选择中国高铁技术进行线路布局到后来讨论使用日本新干线技术，反映了泰国作为东南亚地缘政治中不可忽视的力量一直在传统经济强国（日本）和新型经济强国（中国）之间左右逢源。

根据泰国《曼谷邮报》等多家媒体的报道，日本提交了从曼谷到清迈建设高铁系统的研究方案，并预计在 2016 年开始建设。两地高铁总长约 660 千米，时速约 250 千米 / 小时。日方可向泰方提供低息贷款，利率低于 1.5%。虽然文章并没有提出明确观点，但是从侧面反映出了中国和日本之间形象的博弈。报道也指出，泰国十分擅长保持信息传播的平衡性，在处理外交关系时较为柔性。泰国让中日两国同时下注，让两国竞争，哪边都不得罪，并且能够在两国的相互竞争中得到更低的价格。最后，从曼谷到清迈的高铁建设由日本以极其低价的方案实施。一位日本官员在接受采访时表示，日本的举措主要是为了在和中国的竞争中取得胜利，因此在价格方面"大出血"，就这件事情而言，其他国家都有很清晰的认识。

《曼谷邮报》报道，泰国反对党在独立融资决定提出的当天就表示反对。泰国民主党则致信政府，他们认为独立融资会提高国家的经济风险，从而给政府财政带来问题，因此和中国共同承担风险是一个不错的选择。但是新加坡《联合早报》表示，哈萨丁认为泰国不应该接受中国政府提供的贷款，泰国也不需要面对中国人民币的风险。哈萨丁表示，泰国可以自己承担修建铁路的费用，因为这种方式可以让泰国得到更多国家的技术支持。这其实就是对于中国的防备和不信任。这样的报道会大大加深普通泰国民众对中国形象的偏见。

三、影响泰国媒体再现中国形象的因素

信息从信源到信宿的传播是一个复杂的过程，受各种因素的影响。国家形象的传播是一种国际的传播行为，它能否准确被传达除了信息传送者自身对信息的加工与塑造外，信息能否准确地传达给受众，能否被受众所接受并理解，甚至于这样的信息是否由传达国家自己生产，都是信息能否获得良好反馈的因素。在国际传播中，大众媒介在信息的传播层面具有相当影响[1]。泰国媒体的生产环境决定了它们对中国形象的塑造。泰国媒体的生产环境主要受到泰国国际地位及其在亚洲内部政治结构中扮演的角色的影响。泰国媒体的生产环境还受到大环境改变、政治环境变革以及民间环境的影响。

（一）泰国在亚洲内部政治结构中扮演的角色

国家形象的再现依赖于大众媒介，公众首先感知到的不是一国的真实形象，而是由媒介塑造的形象。媒介在塑造一国的形象时，往往对它所报道的事实进行选择与加工。事实上，纯粹客观而真实的信息是不存在的，出现在媒介上的信息都经过了媒介的选择，而媒介在报道信息时也常常会夹杂对该信息的隐形解读，媒介选择的报道方式、所用的标题与词语本身即显示了一种隐含的、具有倾向性的评价。而媒介在选择跨国信息并报道时，往往也会受到国家间关系的影响[2]。

新时代的国际关系是国家政治发展水平和媒体新闻传播的有机结合。目前，带有中国的词汇越来越多，比如 made in China、China、Chinese 经常出现在外媒的报道文章中，因此中国的国家形象越来越丰富。中国的政治、经济、文化、科技等各个方面的发展情况被更多的外国民众所了解。泰国对于中国以

1　王梦珏. 浅析传播学视角下国家形象的构建与传播［D］. 长沙：中南大学，2012.

2　BERNARD C COHEN. The press and foreign policy［M］. Princeton：Princeton University Press，1963.

及其他国家的战略主要有：确定利益合法，抵制国家的负面影响，将其纳入地区的规范和制度，保证合作共赢，互惠互利。Prapat Thepchatree 在分析中印发展对泰国的影响时指出，泰国所实行的国家政策是通过自己的手段实现大国平衡。泰国假如继续实行这种用巧妙方式平衡大国关系的战略方案，同时与时俱进学习新兴的科学技术，那么中印的崛起和发展并不会让泰国遭受其他问题[1]。实际上泰国选择的外交策略反映了东亚乃至整个亚洲地区政治结构的变化。

2015—2020 年，世界局势复杂多变，特别是 2019—2020 年特朗普政府对中国实行一系列不友好政策以来，以美国为首的"五眼联盟"对中国采取更为激进的外交策略。西方社会认为，中国的崛起与美国、日本等国家的全球战略目标是无法共存的，近年来中国发展趋势猛烈，肯定会对美国、日本等国家带来威胁，影响他们的利益。一些西方媒体依靠自身在全球范围内的话语权，积极宣传美国的正面形象，号召受众维护美国的利益，此外对有关中国的新闻进行不实报道、断章取义，有损中国形象。长此以往，一些本身对中国还未有全面了解的民众会对中国产生防备心理，认为中国的发展会损害其他国家的利益，会对他国发展造成威胁。比如对"一带一路"倡议的相对负面的新闻，就是在这样的背景下产生的。有研究指出，一个国家的形象主要是民众通过新闻了解慢慢形成的，是一个间接塑造的过程。媒体属于主要媒介，不过媒体为了吸引受众的关注，更倾向于报道凸显两国冲突的事件。"一带一路"就是在地缘政治中，中国表现出来的最为"冲突"的形象。

孟建和董军在《中国对外传播战略的现实困境与适时转向》[2]一文中认为，"中国威胁论"一词最早来源于日本，不过这个词语真正在国际上流行起来是因为西方媒体、学术、政治经济领域的联合推动。我们发现，泰国主流媒体所报道的内容容易受美国、日本等国家的影响。因此，虽然《国家报》和《曼谷

1　PRAPAT THEPCHATREE. The Rise of China and India and its implications for Southeast Asia: a Thai perspective [M]. Singapore City: World Scientific Publishing, 2009.

2　孟建，董军. 中国对外传播战略的现实困境与适时转向——兼论"中国威胁论"的缘起、发展和我们应有的策略 [J]. 对外传播，2013（11）：34-36+43.

邮报》是属于本地的主流媒体，但是长期为西方意识形态所左右，它们的涉华报道，难免会受到美、日等媒体的影响。周宁在《跨文化形象学：以中国为方法》[1]中认为，学者更应该关注其他两个主题：一个为西方的中国形象，"自我东方化"以及与此联系密切的中国的西方形象和"西方主义"的问题；二是世界范围内的中国形象及其网络形成，以及跨文化霸权和"彼此东方化"的问题。但是由于同属于东方文化圈的泰国华人众多，受到中华文明的影响比较多，华裔的地位相对较高，他们从某种角度上也会对某些国际主流媒体的不实报道进行纠偏，从而维护了中国较为正面的国家形象。周宁（2010）在《文明之野蛮：东方主义信条中的中国形象》一文中认为，自现代以来，西方国家视角下的中国形象向来是世界范围内中国形象的塑造的雏形，也就是说，即便某个国家对中国形象有着初步的了解和印象，但是也会受到西方的中国形象的影响，此外，在很大程度上其他国家的中国形象建立都是混合着西方的中国形象的再次呈现方式。

美国著名政治学家塞缪尔·亨廷顿在 1996 年出版的《文明的冲突与世界秩序的重建》一书中指出："中国和西方其他国家间的文化战争比之前的武装战争更加严重。"[2] 美国开始实施"重返亚太"的战略，将泰国视为加强同盟的重要组成部分，此外日本也想帮助美国，并与泰国成为同盟，从而将中国包围，制约中国的经济发展。不过，中国的崛起和发展壮大也给泰国带来巨大影响，中国对泰国而言意义重大。在三股劲风纷纷吹来之际，泰国将如何自处？在美国强化亚太军事部署、中美战略互信缺失、东盟存在分裂危险的情况之下，之前的外交政策是否还适合如今的情况，这是泰国必须要面对的问题。

因为自己的国土面积小，所以泰国向来都将维护国家安全发展、建立独立的外交关系看成重中之重。近代以来，西方列强不断入侵亚洲，泰国运用自己灵活的方式与他国建立关系，确保自身独立，不会沦为殖民地国家。泰国的外交政策的优点在于可正确审视自身情况和外部环境。泰国利用别国间的矛盾，

1　周宁. 跨文化形象学：以中国为方法——《世界的中国形象研究丛书》总序 [J]. 社会科学论坛, 2010（3）：94-116.

2　[美]萨缪尔·亨廷顿. 文明的冲突与世界秩序的重建 [M]. 成都：新华出版社, 1996.

通过外交政策确保自身独立，维护自身的主权和领土完整。冷战期间，泰国为了保证自身的利益，立刻调整国家政策和外交方式，随机应变，灵活处理国家间的关系。泰国选择在国际上地位较高的国家作为盟友，这一方式的实用价值十分明显。但是由于泰国自身的经济发展、综合国力的提升，自身的需求也更高。冷战后，全球化的趋势日益明显，国家之间的关系越来越紧密，综合实力在国际竞争中的作用越来越重要，更多国家将经济发展放在第一位。泰国为适应国际局势的变化，进一步改进自身的外交政策，意识形态的减弱给泰国带来有利自身发展的局面，泰国对其他国家的依赖程度减轻，可以更加关注国家的经济发展。在冷战结束后，泰国的有关专家学者指出，泰国应该转变外交策略，不再依附于其他国家，实行独立的多边外交政策。泰国的外交进入新的发展阶段，开始实施多边外交战略。

泰国的研究人员分析，泰国应该继续坚持之前的策略，维护大国间的平衡关系，和谁也不起冲突。政治学者 Panitan Wattanayagorn 在接受《环球时报》（2012）采访时表示，泰国在现阶段可以进行轻微调整，在和大国的关系上与美国加强联系，从而改变之前过于倾向中国的现象。这种具有泰国风格的政策时时刻刻在提醒着泰国要保持中立。泰国国立法政大学政治系副主任基提在采访中也表示，泰国希望美国能够信守与东盟的约定，和泰国建立起合作伙伴的关系而不是来领导泰国。同时，考虑到自身的发展相对美国而言存在较大差距，且美国也正面临着综合国力衰退的问题，很多东南亚的研究人员认为，再平衡战略能否按计划实施值得思考[1]。

泰国国防部长在签署《2012 年泰美防务联盟共同愿景声明》后曾指出："虽然我国和美国建立了盟友关系，但这并不意味着我们针对中国，我们和中国依然是战略伙伴关系，泰国并没有制定针对中国的压制政策和方案。"[2]在加入《跨太平洋战略经济伙伴协定》（TTP）方面，泰国的态度非常谨慎。泰国

1　李益波.泰国对美中日三国外交的再平衡［J］.当代世界，2013（4）：52-55.

2　李叶.泰国国防部：泰国和美国的国防联盟不针对中国.人民网，2012-11-15.

政府认为需要更加深入地思考加入 TPP 的举措，需将国家的战略重点放在东盟，从而推动东盟一体化战略，完成战略目标。

中国崛起不仅在东亚地区引起了强烈的反响，也不可避免地对亚洲乃至世界产生了重要的影响。日本一直是美国在东亚地区最核心的战略盟友，而美国将日益崛起的中国视作竞争对手，并且继续强化与一些国家的同盟关系以防范中国。而作为美国的传统政治盟友、东盟中的重要一员，泰国没受到中国威胁论的影响，仍对中国和平崛起的目标持较乐观的态度。

（二）泰国媒体的生产环境——报业集团化、资本化

泰国媒体的生产环境与报业的集团化和资本化紧密相关。2006—2007 年，东南亚华文报业集团化趋势明显加强。媒体的发展需要政府给予扶持，倘若媒体的发展不符合政府的发展意愿，那么媒体自身就面临着生存风险。报业呈现出的集团化趋势主要依赖于资本。

资本化的问题就是把发展重心放在生产、分配产品的相关机构和监督这项内容的政府部门上。商品化以及传播之间的关系是，一方面传播可以促进商品的资本化，另一方面商品化会缓慢渗透到传播的过程中。我们可以分两个阶段来看泰国报业集团化和资本化之后对中国形象报道的影响。2013 年 10 月，中国国务院总理李克强与泰国时任总理英拉联合发表《中泰关系发展远景规划》[1]，表示中方有意愿参与到廊开到帕栖的高铁建设工程中，泰国可以用农产品抵偿一些费用，两国签订了协议。此时泰国媒体一片叫好。《国家报》报道称，"泰中双方立足自身需要和共同利益，通过深入沟通交流，推动泰中铁路合作项目的发展，这是泰中两国合作迈出的重要一步。泰中双方表达了推进合作的强烈意愿和坚定态度，前期合作的顺利推进增加了了解与信任，这也将推动下阶段合作更快更好地开展"。《曼谷邮报》也长篇报道了时任中国驻泰国大使吕健的发言，他指出："中泰铁路的合作项目是两国落实'一带一路'合作、加强两地

1　胡敏.《中泰关系发展远景规划》在曼谷发表［J］.炼油技术与工程，2013（12）：1.

互联互通的重要成果。"[1]

然而，2014 年 5 月，泰国政府更迭，英拉下台，"大米换高铁"项目被新政府判定违宪。巴育·占奥差通过军事政变上台之后，泰国政府放弃了高铁项目，此时媒体的主要报道集中在中国对泰国的高铁贷款问题上。媒体报道称："因为修建成本和贷款利率原因，泰国决定不再向中国贷款，自筹资金投资铁路建设，只采用中国的技术和设备；修建路段缩减至仅曼谷至呵叻一段，全长 250 公里，速度提升至 250 公里 / 小时。"因为泰国政府中存在多方势力的博弈，这些报道在泰国国内也有舆论争议。反对者认为，独立融资风险大；而支持者认为，独自融资给了泰国更多的话语权和自主选择权。据泰国《曼谷邮报》报道，泰国反对党在独立融资决定提出的当天就表示反对。

总体来讲，2015 年后由于政府更迭，泰国媒体所服务的或者背后的资本集团发生了根本改变，相关新闻报道也从原先对中国高铁项目的赞誉转变成质疑。泰国媒体作为泰国民众获取"一带一路"资讯的重要渠道，有着引导舆论的作用，泰媒的报道和态度将潜移默化地影响泰国民众的态度。有时候媒体的过分解读会给受众带来负面影响。

由于泰国政局动荡不安，在这种情况下，泰国媒体塑造的中国形象必然不能全面客观。泰国媒体塑造中国形象时主要是服务于其国家利益的需要，它不仅受中泰关系和文化差异等因素的影响，还取决于现阶段中泰关系的发展和泰国社会本身的特点及其所面临的问题和挑战。

（三）泰国媒体的政治生产环境

McChesney[2]（1993）在分析美国无线电控制权之战时，坚定地肯定了媒体争夺的重要性。广播在早期就被认为是民主的关键，许多社会运动组织利用他

1　崔沂蒙 . 中泰铁路合作项目一期工程正式开工将促进泰国经济发展和区域互联互通 . 国际在线报道，2017-12-22.

2　MCCHESNEY K Y. Homeless families since 1980：implications for education［J］. Education & Urban Society，1993，25（4）：361-380.

们所拥有的权力使广播民主化。从本质上讲，争取广播的斗争就是争取民主的斗争。广播不仅是少数先驱者的工具，它还被嵌入了 20 世纪最重要的政治斗争中，让新政的支持者能够与在美国政治中占主导地位的保守势力对抗。如今，从政治经济角度撰写历史的传播学者，都在明确或含蓄地讲述媒体在文化战线上所扮演角色的详细故事。[1]

政治经济学是认可将权力看作一种控制形式和一种资源的，不过十分不赞同对权力位置的确定。权力自身组成了一个系统，谁在这个系统中占据有利地位，那么他就会拥有更好的市场位置。同时，权力并不单单是一种资源，它也是一种可以用来稳固自身地位、抵抗挑战者的控制能力。

中泰两国在正式建交后，关系一直稳步发展，中泰关系已成为不同社会制度国家和睦相处的典范。1995 年，为庆祝中国和泰国建交 20 周年，曼谷主办了"泰中关系：友好的二十年"报告会。[2]

一国内部的政治稳定不仅关乎自身的国计民生，而且关乎与外部的合作。以中泰高铁合作为例，泰国不稳定的国内政治环境和不同政府时期所施行的不同政策是导致铁路项目延迟的主要原因。英拉政府与巴育政府在不同时期处理中泰高铁项目时的官方声明虽然看似一致，但作为由不同政治力量组成的政府，其立场与声明的内涵是不同的。[3] 政治领导人的立场与声明自然也会对泰国媒体报道的中国国家形象产生影响。

（四）泰国媒体的生产环境——民间联系密切

民间联系之所以会对泰国媒体的生产环境产生重要的影响，是因为它是构筑中国形象的重要组成部分。以民间力量为主体，借助屏幕、影像所构筑的

1　MOSCO V，WASKO J. The political economy of information［M］. Princeton：University of Wisconsin Press，1988.

2　渔父.《泰中关系：友好的二十年》国际学术报告会述要［J］. 社科与经济信息，1996（1）：26-27.

3　刘思慧. 泰国政治与中泰高铁项目的波折［D］. 广州：暨南大学，2018.

中国形象，是一个超越了意识形态偏见的立体化的中国。它可以展现中国乡村生活恬淡静美、优雅和谐的一面，也可以展现中国都市繁华热闹、光怪陆离的一面，都市、乡村、传统、现代、习俗、信仰等表征元素无不流动、穿梭在互联网空间这一人类新的精神家园中。西方学者乔舒亚·库珀·雷默认为："没有人能够提出一个更理性的框架来评判中国，人们要么对中国有种无根无据的惧怕感或者带有某种过时的偏见，要么就是没来由地对中国抱有狂热的希望。""李子柒现象"实际上是一个隐喻，以她为代表，中国的"网红"正以一种既非抗争也非取悦的自主性叙事，借助开放的网络空间，构筑起独立于意识形态的另一种中国形象。这种形象超越了偏见，也超越了不切实际的幻想，它不指向受众对自身生活处境及文化制度的批判，也不会让受众本能地产生一种"强国必霸"的威胁想象。

中国和泰国建交之后，泰国经历了多个执政政府。虽然这些年来泰国政府一直不够稳定，但泰国向来都将中国视为对外关系的重点。1999 年，中泰两国签署了《关于二十一世纪合作计划的联合声明》，中泰双方确认将中泰关系提升到"战略性合作"关系。

2013 年 11 月，中美领导人访问泰国，泰国非官方民间调查机构 Suan Dusit Poll 的调查结果显示，泰国的很多民众对于中美领导人来访是十分欢迎的，同时泰方愿意和两国一直保持友好关系。调查结果显示，在很多的战略计划和倡议中，泰国民众更加关注和中国间的贸易往来，对于美国的关注则是更多落在毒品和跨国犯罪等方面。[1] 此外，因为泰国和中国均位于亚洲，所以两国的联系和交流要更加频繁。泰国人民十分希望中国与泰国建立密切的合作发展关系，从而促进东盟的深入发展。

泰国某一银行的调查结果显示，中国是泰国人民心中最受欢迎的亚太经合组织成员。周宁在《跨文化形象学：以中国为方法》中认为，当西方"否定中

1　HICKEN A. Late to the party：the development of partisanship in Thailand［J］. TRaNS：Trans-Regional-and-National Studies of Southeast Asia，2013（2）：199-213.

国形象的时候，不应无视正面的中国形象"。中国经济的快速发展，让中国和泰国等一些东南亚国家之间的往来变得更为密切，贸易往来越发频繁，在军事文化方面的交流也越来越多。随着沟通的密切和深入，中泰两国的了解越来越多，泰国媒体也更加注重对中国新闻的报道。

随着中国经济日益繁荣、综合国力不断提高，更多的泰国人愿意到中国来求学、生活，两国的经济交流也越来越频繁，因此，泰国媒体对于中国的新闻报道是十分重要和必要的。从之前的分析可以看到，泰国两家媒体对"一带一路"的报道达到了空前的数量，这主要是因为中国的"一带一路"与泰国的"4.0战略"不谋而合。两国的经济改革为泰国媒体提供了丰富的报道素材，中国重大经济事件也就成为泰国主流媒体报道的重要内容。

（五）华裔社会文化认同因素

童兵在《新媒体时代舆论表达和舆论引导新格局》中指出，公众对于舆论形成、传播的作用十分重要[1]。新媒体时代，信息传递更加便捷快速，消除了以往信息传播的局限性，普通群众变成舆论制造、传播的主要途径，因此公众的需求直接引导着媒体的报道方向。

华裔族群的生存与发展一直与中华文化传承有着不可分割的关联。在华裔族群较为集中的社会中，新闻报道中不自觉和自觉的使命感是这些媒体拉拢读者的基础和前提。虽然"中华文化在不断发展的过程中，会受其他文化、习俗的影响，东南亚华人文化与中华文化之间也逐渐从主干与分支的关系转变为各自发展的关系"[2]，但是中华文化对于东南亚国家的影响是始终存在的。多年来，中国传统文化中的"和为贵"的思想深深扎根在东南亚的国家精神中。不管国家的政治社会如何变化，华人都不会让所坚持的文化思想精髓动摇。科格林曾表示，东南亚的华人后代因为社会变化在很多方面都进行了调整，但是文化认

---

1 童兵. 新媒体时代舆论表达和舆论引导新格局［J］. 新闻爱好者，2014（7）：5-7.
2 胡月霞. 东南亚华文文学的移民心态与本土心态［J］. 北京交通大学学报（社会科学版），2005，4（4）：55-60.

同的思想是不会改变的[1]。

泰国和中国在经济、文化等方面联系密切，泰国十分看重中国的潜在经济价值。越来越多的泰国人学习汉语，因此汉语成为泰国的第三大语言，汉语的重要性也得到了肯定。由于中国和泰国的交往越来越频繁，泰国政府为了促进两国关系的友好发展，加强了汉语教育，开设了孔子学院，泰国形成了学习汉语的浓厚氛围。

北京大学国家战略传播研究院院长程曼丽在接受中新社记者采访时说："随着中国经济的快速发展及其影响力的不断扩大，'汉语热'持续升温。'汉语热'造就了一批通晓汉语的非华人群体，他们将成为各国华文媒体的'非母语'受众。"[2]

由于有了新受众，主流媒体也进行了与时俱进的调整和变革。泰国的两家主流媒体也紧跟时代发展，将对中国的新闻报道放在重要的位置。比如，在《国家报》和《曼谷邮报》两家报纸上，对于中国新闻的报道无论在篇幅上还是在数量上都有很大增加。

四、结语

基于上述分析，本文可以得出如下结论：

首先，国家形象是人们对其他国家的印象，但它是长期以来形成的稳定的、系统的印象。一旦具有了这种印象，人们就会简化对他国的理解，形成一种认知捷径。国家形象理论主要是一种政治心理学的理论，确切地说，是国际政治心理学的理论。与国际关系中强调国家实力、文化等因素不同，国家形象理论仅仅把这些看作影响心理的因素，它们是为人们的认知服务的。国家形象理论注重理论与实践的结合，具有极强的操作性。根据国家实力、机遇、文化

1　COUGHLIN R J. Double identity: the Chinese in modern Thailand [M]. Hong Kong: Hong Kong University Press, 1960.

2　张量. 海外华文传媒国际化新课题. 中新社，2005-09-12.

等划分出不同的国家形象，这些国家形象又与不同的决策行为密切相关[1]。近年来，中国致力于在他国构建积极、正面的国家形象。目前，中国在政治、经济、军事、外交等多领域都取得了举世瞩目的成就。但中国的国家形象与中国发展的现状存在差异，这反映出其他国家的相关媒体报道在中国的国家形象构建中起着重要的作用。

其次，在新媒体时代，国家形象的建构与传播主要借助于互联网，突破国界，形成全球传播的形态。中国在泰国的国家形象更多地取决于泰国媒体的报道，泰国媒体再现的中国形象多为正面形象。"一带一路"倡议和构建人类命运共同体的努力向世界呈现了中国的大国风范，很多重要的国际会议、论坛、活动、赛事由中国主办或选择在中国举办。"一带一路"建设加强了泰国与中国之间的交流与合作，随着合作的加强，泰国媒体对中国的相关报道更趋向全面化，除经济之外还包括社会生活、历史发展和文化习俗。泰国媒体通过对中国形象的正面报道与积极引导，塑造出一个经济蓬勃发展、人民安居乐业、拥有大国担当的中国国家形象。

最后，泰国媒体对中国形象也存在部分忧虑。例如，中国国家主席习近平于 2013 年提出的"一带一路"倡议，受到国际社会高度关注，最初极个别人对之也不乏刻意歪曲与质疑，称之为"中国版马歇尔计划"，这让个别国家处于戒备状态，不愿意参与或进行深度合作。在泰国媒体的不断宣传下，如今很多国家都知道这项倡议能够促进国家的经济发展和社会进步，都知道"中国威胁论"是对中国的蓄意歪曲。

综上所述，在国家形象塑造的过程中，对国外民众而言，本国媒体报道往往更有说服力。正如美国政治学家摩根索（Hans J. Morgenthau）所言，他人对我们的看法同我们的实际情形一样重要。正是我们在他人"心境"中的形象，而不是我们本来的样子，决定了我们在社会中的身份[2]。他国媒体报道的结果，

---

1 季乃礼. 国家形象理论研究述评 [J]. 政治学研究，2016（1）：104-113+128.

2 MORGENTHAU Hans J. Politic among nations：the struggle for power and peace [M]. New York：The McGraw-Hill Companies Inc，1985.

就是一个国家在其他国家媒体新闻报道中所呈现出来的形象，这种形象往往带有一定的主观色彩，较易受人为因素的干预，媒体本身所带有的偏见也会直接影响对他国形象的塑造，从而影响受众对他国的印象。本文认为，泰国两家主流媒体再现的中国形象是站在客观角度上进行的公平、公正的新闻报道，但是在"一带一路"等相关议题上还存在一定的担忧。

李普曼认为，媒介所再现的"拟态环境"不是客观现实的真实反映，它包含了媒介的主观因素，是通过象征性的信息和事件向受众展现的"信息环境"。由于国家形象是人们在一定条件下结合国家的客观实际情况所产生的评价和看法，因此应该考虑人们和国家间的主客体关系[1]。罗奕对泰国两家主要媒体《世界日报》和《星暹日报》关于中国的报道进行了分析，他发现《世界日报》更加侧重报道有关中泰的社会新闻，对于其余领域则采取忽略的态度；而拥有南方报业集团合作背景的《星暹日报》自改版后，努力通过社会新闻、政治新闻、经济新闻和文化新闻多维度来展示中国的国家形象。依赖媒介取得认同，在泰国人心中，中国已形成了一个"成功的经济形象"[2]。刀国新对泰国主流媒体关于中国两会报道中的中国形象展开了相关研究，研究表明，泰国媒体依次从经济形象、政治形象、军事形象和法律形象等方面对中国形象进行呈现，其中有正面报道，也有部分中立和负面报道[3]。但从整体来看，中国在泰国媒体报道中的形象是偏向正面的。

在全球智能化发展趋势下，中国进入了大数据时代，新闻发布和接收十分便捷迅速。大数据会调整国家权力的运作方式，也会改变国家形象的生成方式。比如，泰国两家主流媒体的报道偏向于政治性，缺乏平民视角。这是由于泰国媒体的生产环境所决定的。

1　罗奕.他者眼中的中国形象——基于东盟国家大众媒体涉华报道的舆情分析［J］.传媒，2019，14：79-82.

2　罗奕，梁媛.泰国华文媒体构建"中国形象"认同研究——以泰国《星暹日报》和《世界日报》微信公众号新闻推送为例［J］.传媒，2016（24）：57-59.

3　刀国新，孙永虹，印凡.泰国主流媒体中国两会报道中的中国形象研究——以泰国电视九频道和《泰叻报》为例［J］.新闻研究导刊，2017（13）：8-10.

中国在国际上较为活跃。《曼谷邮报》和《国家报》对中国的热点事件均进行了实时同步报道，同时对这些事件发表了看法与见解，新闻内容和评论极大地吸引了读者的关注和思考[1]。整体来说，关于中国的报道，两家主流媒体涉及领域较为广泛，包含政治、经济、文化等多个方面，能够让泰国民众更好地了解中国目前的方针政策、发展状态，满足受众对相关信息的需求[2]。

《曼谷邮报》和《国家报》中一些对于中国的新闻报道也存在局限性，近年的报道内容多为政治方面，并没有很好地展现人民群众的生活变化。无论是报道主题，还是内容来源、图片展示，《曼谷邮报》和《国家报》的涉华报道很少涉及民生内容[3]。在内容来源上，更多的是研究人员的文章以及政府官员的讲话，很少涉及普通民众的观点；在报道主题上，政治话题较多，主要为国家领导人的会晤、出访等；在新闻的图片上，更多的是国家领导人的行程情况，而普通民众的情况很少体现。同时也缺乏对国家政策推行的解读，这也就导致他国受众无法详细地了解各项政策的落实情况，报道无法呈现清晰全面的国家形象。此外，媒体报道内容更关注城市的情况，忽略了农村的情况。报道涉及中国科技和文化发展现状的内容有限。科技方面的报道主要是航空航天的成果以及现状，但是对于主要研究人员的介绍和其他科技成果发展状况较少报道；文化方面的报道主要聚焦于泰国华人的一些庆祝活动以及中国和泰国间的文化交流，基本没有对中国本土文化发展、民俗习惯进行介绍[4]。

片面的新闻报道无法全面展示中国的形象，泰国媒体应站在公平公正的立场上，克服中泰两国之间的经济、政治、文化差异，对中国新闻事件进行客观、公正的报道，积极构建全面、准确、客观的中国国家形象。

1　任晓萌．泰国华文报纸的受众分析［D］．济南：山东大学，2014.

2　刀国新，孙永虹，印凡．泰国主流媒体中国两会报道中的中国形象研究——以泰国电视九频道和《泰叻报》为例［J］．新闻研究导刊，2017（13）：8-10.

3　陈丹．《曼谷邮报》的涉华报道研究［D］．西安：西安外国语大学，2015.

4　印凡，刀国新．泰国媒体中国报道特征及影响因素分析［J］．新闻研究导刊，2017，8（7）：8-9+154.

参 考 文 献

1.［美］哈罗德·拉斯韦尔.世界大战中的宣传技巧［M］.田青，张洁，译.北京：中国人民大学出版社，2003.

2.［美］弗兰克·宁科维奇.观念的外交：美国对外政策与文化关系1938—1950［M］.剑桥：剑桥大学出版社，1981.

3.毕研韬，王金岭.战略传播纲要［M］.北京：国家行政学院出版社、中央编译出版社，2011.

4.赵良英.美国国家战略传播体系研究［M］.武汉：武汉大学出版社，2017.

5.李健、张程远.战略传播：美国实现国家安全与军事战略的重要手段［M］.北京：航空工业出版社，2015.

6.葛公尚.当代国际政治与跨界民族研究［M］.北京：民族出版社，2006.

7.刘稚.中国—东南亚跨界民族发展研究［M］.北京：民族出版社，2007.

8.［美］彼得·J.卡赞斯坦.中国化与中国崛起：超过东西方的文明进程［M］.魏玲，等译.上海：人民出版社，2018.

9.［英］埃里克·霍布斯鲍姆.民族与民族主义［M］.李金梅，译.上海：上海人民出版社，2000.

10.［美］班杰明·扎瓦基.泰国：美国与中国间的角力场，在夹缝中求存的东南亚王国［M］.杨岑雯，译.台北：马可波罗文化，2019.

11.［美］威尔伯·施拉姆.大众传播媒介与社会发展［M］.金燕宁，译.北京：华夏出版社，1964.

12. 白润生. 中国少数民族新闻传播史［M］. 北京: 中央民族大学出版社, 2008.

13. 马树勋. 民族新闻探索［M］. 呼和浩特: 内蒙古人民出版社, 1986.

14. 白克信, 蒙应. 民族新闻学导论［M］. 桂林: 广西师范大学出版社, 1997.

15. 张宇丹. 传播与民族发展［M］. 北京: 新华出版社, 2000.

16. 吴飞. 火塘·教堂·电视: 一个少数民族社区的社会传播网络研究［M］. 北京: 光明日报出版社, 2008.

17. 郭建斌. 在场: 流动电影与当代中国社会建构［M］. 上海: 上海交通大学出版社, 2019.

18.［英］布罗尼斯拉夫·马林诺夫斯基. 西太平洋上的航海者［M］. 张云江, 译. 北京: 中国社会科学出版社, 2008.

19.［英］斯图加特·霍尔, 保罗·杜盖伊. 文化身份问题研究［M］. 庞璃, 译. 开封: 河南大学出版社, 2010.

20.［法］米歇尔·福柯. 知识考古学［M］. 谢强, 马月, 译. 北京: 生活·读书·新知三联书店, 2010.

21. 周宪. 文化研究关键词［M］. 北京: 北京师范大学出版社, 2007.

22.［英］齐格蒙特·鲍曼. 全球化: 人类的后果［M］. 北京: 商务印书馆, 2001.

23.［英］乔治·拉伦. 意识形态与文化身份: 现代性和第三世界的在场［M］. 上海: 上海教育出版社, 2005.

24.［英］安东尼·史密斯. 民族主义: 理论、意识形态、历史［M］. 叶江, 译. 上海: 上海世纪出版集团, 2006.

25.［俄］斯大林. 斯大林全集（第2卷）［M］. 北京: 人民出版社, 1953.

26. 马戎. 民族社会学: 社会学的族群关系研究［M］. 北京: 北京大学出版社, 2004.

27. 本书编写组. 中央民族工作会议精神学习辅导读本［M］. 北京: 民族

出版社，2005.

28.刘稚.中国：东南亚跨界民族发展研究［M］.北京：民族出版社，2007.

29.［美］本尼迪克特·安德森.想象的共同体［M］.吴叡人，译.上海：上海人民出版社，2016.

30.［英］安东尼·麦格鲁，戴维·赫尔德.全球大变革：全球化时代的政治经济与文化［M］.北京：社会科学文献出版社，1999.

31.［美］阿尔君·阿帕杜莱.消散的现代性：全球化的文化维度［M］.刘冉，译.上海：上海三联书店，2012.

32.马戎.历史演进中的中国民族话语［M］.北京：社会科学文献出版社，2019.

33.郑晓云.全球化背景下的中国及东南亚傣泰民族文化［M］.北京：民族出版社，2008.

34.［英］D.G.E·霍尔.东南亚史［M］.中山大学东南亚历史研究所，译.北京：商务印书馆，1982.

35.［美］阿尔君·阿帕杜莱.消散的现代性：全球化的文化维度［M］.刘冉，译.上海：上海三联书店，2012.

36.赵静蓉.文化记忆与身份认同［M］.北京：生活·读书·新知三联书店，2015.

37.郑晓云.文化认同论［M］.北京：中国社会科学出版社，1992.

38.泰国统计局.家庭信息通信技术使用情况调查［M］.曼谷：泰国统计出版社，2018.

39.泰国电子交易发展局.泰国互联网用户行报告［M］.曼谷：泰国电子交易发展出版社，2019.

40.［美］麦吉特里克.市场营销［M］.北京：中国人民大学出版社，2015.

41.［美］唐·E.舒尔茨.全球整合营销传播［M］.北京：机械工业出版社，

2011.

42. [美] 菲利普·科特勒. 营销管理：分析、计划、执行与控制 [M]. 王永贵, 等译. 上海：格致出版社, 2009.

43. [加] 约翰·贝理. 文化过渡中的移民青少年：跨国背景下的涵化、认同与适应 [M]. 北京：中央民族大学出版社, 2015.

44. [美] 戈登·福克塞尔等. 市场营销中的消费者心理学 [M]. 何润宇, 等译. 北京：北京机械工业出版社, 2001.

45. 张福德. 电子商务概论 [M]. 北京：清华大学出版社, 2004.

46. 袁曙宏. 社会变革中的行政法治 [M]. 北京：法律出版社, 2002.

47. 李希光, 周安庆. 软力量与全球传播 [M]. 北京：清华大学出版社, 2006.

48. 胡乔木. 胡乔木文集 [M]. 北京：人民出版社, 1993.

49. 臧国仁. 新闻媒体与消息来源 [M]. 台北：三民书局股份有限公司, 1999.

50. 胡晓明. 国家形象：探究中国国家形象构建新战略 [M]. 北京：人民出版社, 2011.

51. 管文虎. 国家形象论 [M]. 四川：电子科技大学出版社, 2000.

52. 刘继南. 国际传播与国家形象：国际关系的新视角 [M]. 北京：北京广播学院出版社, 2002.

53. 申凡, 戚海龙. 当代传播学 [M]. 武汉：华中理工大学出版社, 2020.

54. 姜智芹. 美国的中国形象 [M]. 江苏：江苏人民出版社, 2010.

55. [美] 乔舒亚·库珀·雷默. 中国形象：外国学者眼里的中国 [M]. 北京：社会科学文献出版社, 2006.

56. [英] 斯托克斯. 媒介与文化研究方法 [M]. 黄红宇, 等译. 上海：复旦大学出版社, 2006.

57. [美] 汉斯·摩根索. 国家间政治：寻求权力与和平的斗争（英文影印版）[M]. 北京：北京大学出版社, 2004.

58. ［美］罗杰·D. 维曼，约瑟夫·R. 多米尼克. 大众媒介研究导论笔记（影印版）［M］. 北京：清华大学出版社，2005.

59. COHEN R. Global diasporas: an introduction［M］. Seattle: University of Washington Press, 1997.

60. MCCARTHY E J. Basic marketing［M］. Homewood（Illinois）: R. D. Irwin, 1960.

61. GALE B. Managing customer value: creating quality and service that customers can see［M］. New York: The Free Press, 1994.

62. COUGHLIN R J. Double identity: the Chinese in modern Thailand［M］. Hong Kong: Hong Kong University Press, 1960.

63. MOSCO V, WASKO J. The political economy of information［M］. Madison: University of Wisconsin Press, 1988.

64. WENDT A. Social theory of international politics［M］. Oxford: Cambridge University Press, 1999.

65. MORGENTHAU H J. Politics among nations: the struggle for power and peace［M］. Beijing: Peking University Press, 2005.

66. KURLANTZICK J. Charm offensive: how China's soft power is transforming the world［M］. New Haven: Yale University Press, 2007.

67. ROSENBERG M. Society and the adolescent self-image［M］. Princeton: Princeton University Press, 1965.